北京高校高精尖学科（证据科学）资助

证据法学论丛

证据法的多重视角

THE MULTIPLE PERSPECTIVES OF EVIDENCE LAW

房保国◎著

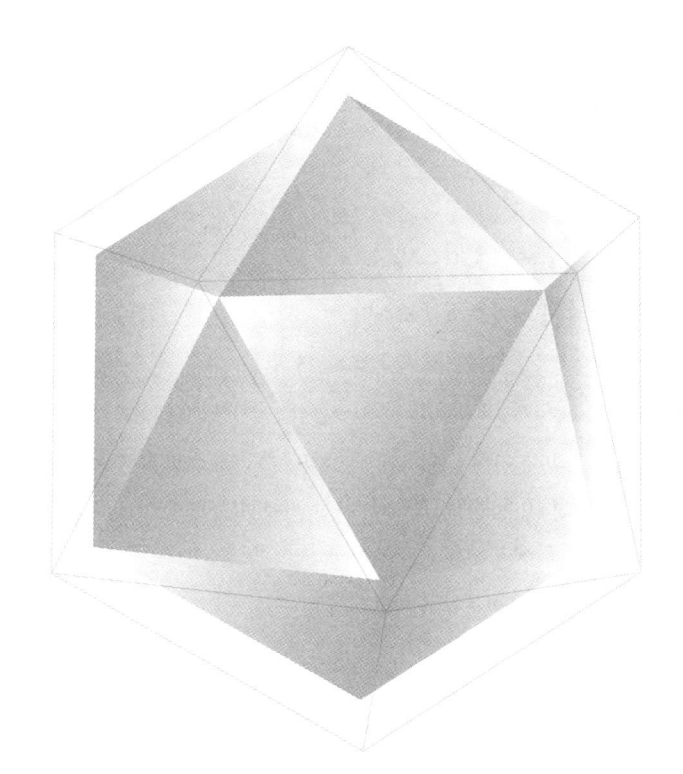

中国政法大学出版社

2024·北京

声　明　1. 版权所有，侵权必究。

　　　　　2. 如有缺页、倒装问题，由出版社负责退换。

图书在版编目（CIP）数据

证据法的多重视角 / 房保国著. -- 北京 : 中国政法大学出版社, 2024. 6. -- ISBN 978-7-5764-1560-5

Ⅰ．D915.130.1

中国国家版本馆CIP数据核字第2024FQ2671号

出 版 者	中国政法大学出版社	
地　　址	北京市海淀区西土城路25号	
邮寄地址	北京100088 信箱8034分箱　邮编100088	
网　　址	http://www.cuplpress.com（网络实名：中国政法大学出版社）	
电　　话	010-58908437（编辑部）58908334（邮购部）	
承　　印	固安华明印业有限公司	
开　　本	880mm×1230mm　1/32	
印　　张	8	
字　　数	190千字	
版　　次	2024年6月第1版	
印　　次	2024年6月第1次印刷	
定　　价	39.00元	

总序

证据是实现司法公正的基石,证据裁判主义是现代诉讼的基本原则。在刑事诉讼、民事诉讼和行政诉讼中,事实问题与法律问题是诉讼的核心问题,而事实的认定则要靠证据来实现。可以说,在诉讼中除法律问题外,证据的收集、审查和运用对案件结果的判定起着根本性的作用。

证据研究不仅要关注物证、书证、人证等证据种类的运用,更要分析证明责任、证明对象、证明标准和证明过程等证据规则的适用。当前证据法学在我国逐步成为显学,关于证据立法的呼声日趋高昂,人们日益认识到证据法学研究的重要性。然而从总体上看,证据法学在我国还是一门新兴的学科,在理论上仍然很不成熟、不完善,甚至有些基本问题还没有达成共识,更未能形成科学的理论体系。

证据法学相对于诉讼法学而言具有独立性,它属于证据科学的重要分支。而证据科学(Evidence Science),是综合运用自然科学和社会科学方法,研究证据采集、鉴定技术以及案件事实认定和法律适用之一般规律的科学理论和方法体系，证据科学是近年来国内发展最快的交叉学科之一。[1]证据科学是法庭科学（Forensic Science）和证据法学（Evidence Law）的统一。其中，法庭科学是综合运用物理学、化学、医学、生物学等自然科学的原理和技术方法，研究证据采集、鉴定之一般规律的科学理论和技术方法体系；而证据法学是专门研究如何运用证据认定案件事实的法律规范的法学学科体系。

如何构建一个科学的证据法学理论体系，如何能够为证据法学学科的进一步发展夯实理论基础，并为司法实务活动提供理论指导，是本论丛的设立初衷。虽然此前中国政法大学出版社先后推出了"证据科学文库"（中国政法大学张保生教授主持）和"证据法文库"（中国人民大学何家弘教授主持），但是本"证据法学论丛"另辟蹊径，更加关注实证分析，强调证据实务问题的研究，努力形成证据法学研究中的"实践学派"[2]，以期促进我国证据法学学科事业的繁荣昌盛。

房保国

2011年5月4日于中国政法大学

---

[1] 中国政法大学证据科学教育部重点实验室是专门从事证据科学研究的科研机构，具有科研、教学与鉴定三位一体的特色和重视实践探索的特点，其主要特色是文理交叉、理工渗透、综合集成、研用一体。

[2] 关于证据法学研究中的"实践学派"，中国政法大学张保生教授主持的教育部人文社会科学重大攻关项目"证据科学的理论体系及应用研究"，在全国七所法院实施证据规则试点，并起草《〈人民法院统一证据规定〉（司法解释建议稿及论证）》，进行了初步的探索。

序 言
Preface

证据法主要追求的目标是准确事实认定，在认定事实的过程中当然要受到各种法律规则的约束。事实认定的过程，必然会涉及哲学、心理学、社会学等各种知识，需要从多维视角、多角度看待事实和证据。早在2006年，龙宗智教授就提出了"大证据学"的建构，呼吁建立由基础证据学与部门证据学构成的"大证据学"体系。[1] 2007年何家弘教授主编的《证据法学研究》中，提出了证据法的认识论基础、价值论原理、方法论原理、程序论原理、信息论原理、概率论原理、逻辑学原理、数学基础、行为科学基础、自然科学基础等，开拓了证据法的研究视野。[2] 栗峥教授的专著《超越事实——多重视角的后现代证据哲学》，谈到了证据学与哲学、历史学、知识社会学、数学、

---

[1] 龙宗智："'大证据学'的建构及其学理"，载《法学研究》2006年第5期。

[2] 何家弘主编：《证据法学研究》，中国人民大学出版社2007年版。

文学等的关系，提出了多重视角下的证据哲学。[1]

现实生活中，几乎每一个问题的正确答案都不是一个而是多个。因为同一个问题从不同的角度分析可以得到不同的答案，而这种多答案的回答常常可使我们对这一问题或事物有更全面的认识。证据法的多重视角研究是指从不同的角度、不同的学科背景，用不同的研究方法来研究证据法的问题。这种研究方法有助于更全面、更深入地理解证据法的本质和规律，为证据法的实践提供更为全面的理论支持和实践指导。本书的写作没有面面俱到，而是选取了人性论，经济学，心理学，社会学，管理学，信息论，法哲学和人工智能、区块链、大数据等科技新发展领域的经典论述，抛砖引玉，初步探讨了其对证据法的影响和启示。

一、证据法与人性

证据法是指调整证据的收集、审查、判断和运用等活动的法律规范的总和。证据法对案件事实的认定具有至关重要的作用，人性对证据法的影响主要体现在以下几个方面。

1. 偏见和刻板印象。人们可能会受到个人偏见、刻板印象和情感因素的影响，从而对证据的评价产生偏差。例如，法官或陪审员可能对某个种族、性别或社会阶层的人存在偏见，从而影响对证据的判断。在证据法中，减少偏见和刻板印象的影响是非常重要的，可以采取以下措施：①采用客观标准。证据法应该建立客观的标准和程序，以确保证据的收集、审查和运用是客观和公正的。例如，采用科学的鉴定方法和技术，以确保证据的真实性和可信度。②多元化的陪审团。陪审团成员应

---

[1] 栗峥：《超越事实——多重视角的后现代证据哲学》，法律出版社2007年版。

该来自不同的种族、性别、文化和社会背景,以减少个人偏见和刻板印象的影响。③独立审查。证据的审查应该由独立的专业人员进行,如法官或鉴定专家,以确保审查过程的客观性和公正性。④交叉询问。在庭审过程中,应该允许律师对证人进行交叉询问,以揭示证人的偏见和刻板印象,并检验证据的真实性和可信度。

2. 记忆和感知。人们的记忆和感知能力可能会受到情绪、压力和时间等因素的影响,从而导致对证据的回忆和理解出现偏差。

3. 动机和利益。人们可能会受到个人动机和利益的影响,从而对证据的收集、审查和运用产生偏差。例如,律师可能会为了胜诉而故意歪曲或隐瞒证据。

4. 文化和社会背景。人们的文化和社会背景可能会影响对证据的评价和理解。例如,不同文化和社会背景的人可能对证据的重要性和可信度有不同的看法。

为了减少人性对证据法的影响,证据法需要建立一套科学、客观、公正的证据收集、审查和运用的标准和程序,以确保证据的真实性、可靠性和可信度。同时,也需要加强对法官、律师和陪审员等相关人员的培训和监督,提高他们的专业素养和职业道德水平,以减少个人偏见和利益的影响。

二、证据法与经济学

法律追求的是公正,证据法追求的是准确事实认定,经济学追求的是提高效率和资源最大化。在经济学上有许多著名的理论和定理,例如,为什么象牙威胁到大象的生存,而牛奶保证了黄牛的繁衍;为什么节俭导致衰亡,奢侈反而导致兴隆;为什么要避免零和博弈;为什么次贷危机是人性危机等。而二八定律、路径依赖、马太效应、凡勃伦效应、搭便车效应、酒与污水定律、木桶定律、奥卡姆剃刀定律、华盛顿合作定律、帕金森定律、蘑菇定律、彼得原理、破窗理论、鲇鱼效应、羊群效应、心理账户理论、倒金字塔效应等,对证据法的制定和实施都有很好的启示,并提供了新的研究视角。同时,事实认定也要讲究效率。

波斯纳是法经济学的鼻祖,其出版的《证据法的经济分析》已经翻译成中文;[1]屈新教授的《证据制度的经济学分析》,对证据法经济学进行了初步探讨。[2]

三、证据法与心理学

在人生的不同阶段,每个人都难免会感到迷茫、无助和困惑。但当我们学习了心理学知识,懂得如何分辨真实的需求和虚假的欲望时,我们便能把当下和未来的人生之路看得更清晰。通俗地说,深入学习心理学知识,我们便多了一种自救方式,这有助于提高客观认识自我以及明确自我真实需求的能力。

在心理成长的道路上,没有人可以代替我们前行,但是我们可以以书为师,用知识武装头脑,用智慧加持人生。正如美国心理学教授大卫·R.霍金斯所说:每个人都有着不同的心理"能量层级",我们要做的就是持续提升自己的能量层级。这不仅需要知识,更需要智慧。

法律是一门涉及人的学问,无论是当事人、证人、鉴定人等诉讼参与人,还是法官、陪审员、检察官、警察等办案人员,其心理变化和内心世界无疑会影响其行为选择。从心理学的角度来看,证据法包括对人类认知、判断和决策等方面的研究。在这个过程中,需要考虑到人类认知的局限性、心理倾向等问

---

[1] [美]理查德·A.波斯纳:《证据法的经济分析》,徐昕、徐昀译,中国法制出版社2001年版。

[2] 屈新:《证据制度的经济学分析》,中国政法大学出版社2015年版。

题，以及这些问题对证据判断和决策的影响和作用。

四、证据法与社会学

社会学是对社会现象规律的研究和发现。例如,"结构功能主义"和"社会行动主义"等各种社会理论的产生都源于对社会现象一定程度的认知。社会学的研究对象包括社会结构、社会行为、社会变迁等。它涉及的范围广泛,包括社会分层、社会阶级、社会流动、社会宗教、社会法律、越轨行为等。

从社会学的角度来看,证据法的研究内容包括社会文化、历史传统等因素与证据制度间的相互作用。在研究过程中,需要考虑到社会文化、历史传统等因素对证据制度的影响和作用,以及证据制度对社会文化和历史传统等因素的反作用。

在证据法的制定和实施中,涉及多方诉讼主体,每个人扮演着不同的角色,对律师与当事人、医生和患者、夫妻之间等关系的研究,有助于确立证人作证特免权的理论基础。

五、证据法与管理学

在现代社会中,"管理"是一个使用频率非常高的词。学习管理学,首先必须了解什么是管理,怎样才算管好了;为什么要成立组织,组织为什么需要管理,影响组织绩效的因素有哪些;管理者是干什么的,管理者应该具备怎样的素质;管理学与其他学科相比有什么区别,人类对于如何管理都有一些什么认识;等等。

管理产生的根本原因在于人的欲望的无限性与人所拥有的资源(时间、资金、精力、信息、技术等)的有限性之间产生了矛盾。一方面,人生而有欲,而且人还会随着当前欲望的满足而不断产生出新的欲望。另一方面,世界上不存在任何可以不劳而获的东西。"有得必有失,有失必有得"。要有所获得,就必须有所投入,而且要想取得超越常人的成就,就必须付出超越常人的努力。但每一个人所拥有的可以投入的资源总是有限的，时间有限、知识有限、精力有限、能力有限。这就产生了一对矛盾，即人类欲望的无限性与其所拥有的资源的有限性之间的矛盾。

有矛盾就需要协调，为了协调人类欲望的无限性与其所拥有的资源的有限性之间的矛盾，人类绞尽了脑汁，并先后采取了各种不同的协调方法，有效的管理就是提升效率的重要手段。通过科学的方法提高资源的利用率，力求以有限的资源满足尽可能多的欲望。

在证据法的实施中涉及众多诉讼主体和各种各样的证据，需要运用管理学思维，提升事实认定的效率。

六、证据法与信息论

信息论是在20世纪40年代，随着现代通信技术的发展，应运而生的一门研究信息的获取、储存、传递、计量、处理和利用等问题的新兴学科。在20世纪30年代之前，科学技术革命和工业革命主要表现在能量方面，如新的动力机、工具机的出现，其本质是人的感觉器官和效应器官的延伸，是人的体力劳动的解放。然而，自20世纪30年代以后，科学技术发生了革命性的变化，主要表现在信息方面，即信息的传递、存储、加工、处理等技术，通信控制机以及人工智能的发展，其本质是人的思维器官的延伸，是人的脑力劳动的解放。

信息可以被视为一种消息，其与通信问题的关联日益密切。随着计算机的广泛应用，通信系统的能力得到了大幅提升，如何更有效地利用和处理信息成为一个日益迫切的问题。人们逐渐认识到信息的重要性，并意识到信息可以被视为一种像材料和能源一样被充分利用和共享的资源。信息的概念和方法已经广泛渗透到各个科学领域，这迫切要求我们突破香农信息论的狭隘范围，使其能够成为人类各种活动中所遇到的信息问题的基础理论，从而推动许多新兴学科进一步发展。

证据的本质在于信息与载体的统一性，这一特性赋予了它知识性、非守恒性、依附性和脱体性的基础特质。在事件发生的进程中，信息的转移现象以其不以人的意志为转移的特性，揭示了客观世界的真实规律。此进程可通过不同的模型进行划分，并遵循着非守恒、不对称以及机制复杂的规律。司法证明实际上是一个涵盖信息获取、处理与运用的过程，这一过程中的每个阶段都承担着特定的任务，并应遵循信息论的原则和约束。

在信息化时代的今天，证据法领域正在经历一场深刻的变革。这一变革的起点是证据形式的演变，包括信息证据的出现以及传统证据的信息化等趋势。可以预见，未来这一变革将会进一步深入，各国证据法都将面临如何应对这一挑战并作出恰当回应的艰巨任务。这需要我们对现有的证据法进行深入研究和思考，以便为未来的挑战做好准备。

七、证据法与科技发展的关系

证据法和科技发展之间有着密切的关系。科技的发展推动了证据法的进步和完善，而证据法的发展也促进了科技在司法领域的应用。

首先，科技的发展为证据的获取、收集、整理、完成和使用提供了更多的手段和方法，使得越来越多的证据需求得以满足。例如，通过DNA鉴定技术可以精确地确认嫌疑人的身份，通过监控录像可以获取犯罪现场的详细情况。这些高科技手段的应用使得证据的收集更加准确、高效，为案件的解决提供了更多的线索和证据。

其次，科技的发展也拓宽了证据标准的争论。随着科技的不断进步，对于证据的认定也变得更加复杂和严格。例如，对于电子数据的收集和认定，需要遵循严格的程序和规定，以确保电子数据的真实性和可靠性。这些变化使得证据标准更加科学和规范，有助于确保案件的公正审理。

最后，科技的发展也影响了证据法发展的内在规律性。随着科技的不断发展，证据法也需要不断更新和完善，以适应新的证据需求和技术手段。例如，随着互联网和社交媒体的普及，网络证据的收集和认定成为证据法的新领域。这些变化有助于推动证据科学的不断发展和创新。

总之，科技的发展对于证据法的影响是深远的，它既推动了证据法的进步和完善，也为证据法的实践提供了更多的手段和方法。同时，证据法的发展也促进了科技在司法领域的应用，推动了司法公正和社会进步。

八、证据法哲学的确立

证据法哲学是对证据法研究对象的本质、特征、范畴及其内在联系和发展规律的认识。它从哲学的角度出发，探讨证据法的基本问题，包括证据的本质、获取证据的方法、证据规则、证明标准等。

证据法哲学的研究范围广泛，既包括对证据法的基本概念、基本原则、基本原理的研究，也包括对证据法实践中的具体问题的研究。其中，证据法的基本原则是证据法哲学的核心内容之一，包括真实发现原则、公正裁判原则、程序保障原则等。

在证据法哲学的指导下，人们可以更好地理解和应用证据法，提高司法实践的公正性和效率。同时，证据法哲学也可以为证据法的完善和发展提供理论指导，推动证据科学的不断发展和创新。

综上所述，证据法的多重视角研究有助于人们更全面、更深入地理解证据法的问题,为证据法的实践提供更为全面的理论支持和实践指导。同时,这种研究方法也可以促进不同学科之间的交流和合作,推动交叉学科和证据科学的不断发展和创新。

目录

总　序 ... 001
序　言 ... 003

证据法的人性基础 ... 001
一、通人性者通天下 ... 001
二、证据法的人性分析 ... 006

证据法的经济学分析 ... 015
一、经济学的基本思维方式 ... 015
二、经济学思维对证据法的影响 ... 025

证据法的心理学分析 ... 032
一、心理学的一般理论 ... 032
二、证据心理的构成 ... 043
三、拒证、伪证与毁证心理 ... 047
四、当事人的谎言心理 ... 051
五、测谎证据的心理学依据 ... 054

证据法的社会学分析... 059
一、社会学的思维方式... 059
二、证据法的社会学分析... 073

证据法的管理学分析... 088
一、管理学的基本理论... 088
二、证据法的目的和证据系统... 097
三、如何进行证据管理和分析... 101
四、证据保管链条的管理和证明... 108

证据法的信息论基础... 115
一、信息论的基本原理... 115
二、信息论在证据法的运用... 126

证据法的科技视角... 136
一、相关科技的新发展... 136
二、微信证据的提取和审查判断... 146
三、数字治理与数字正义... 152
四、互联网法院和在线诉讼... 171
五、生成式人工智能的合规途径... 197

证据法的哲学思考... 209
一、哲学的思维方式... 209
二、证据法哲学... 218
三、文化对证据法的影响... 228

参考书目... 232

什么时候我们才能真正明白,这个世界上并不存在少数人所希冀的百分之百的公正,我们能做的是尽量消除这些不公正,实现"矫正正义"。

——阿马蒂亚·森(Amartya Sen)《非正义的理论》

证据法的人性基础

一、通人性者通天下

1. 直面人性:透视现实世界的真相与法则

自古以来,世界存在着两套法律:一套是书本上的法律,一套是实际生活中的法律。书本上的法律教导我们公平、公正和公义,而实际生活中的法律运作则揭示了权谋、手段和人性。同样的,知识也存在两套体系:门内的知识和门外的知识。门内的知识教导我们如何成为一个规矩的人,而门外的知识则教导我们如何成为一个懂人情世故的好人。

这并不意味着我们要成为冷酷的权谋家或者无情的竞争者。相反,我们应该理解和运用人性的法则,以此来更好地理解和影响他人,最终真正地理解生活的真相,看清法律规则的本质。

在这个过程中,我们要保持谦逊和善良,要有勇气面对人性的复杂性和残酷性。我们要明白,了解人性和掌握人心并不是为了欺骗或利用他人,而是为了更好地理解自己和他人,以实现真正的合作与共赢。这不仅是一种智慧,更是一种道德责任。因为只有看清真相,我们才能做出正确的决策,才能创造一个更美好的世界。

通过直面人性,我们可以更好地认清真相,理解人类行为的动机和目的,从而更好地应对生活中的挑战和困难。了解人性也可以帮助我们更好地理解法律规则的本质,掌握规则的制定和实施,从而更好地维护自己的权益和利益。了解人性还可以帮助我们成为更强的个体,提高自己的能力和竞争力。了解人性也可以帮助我们更好地理解自己的内心世界,控制自己的情绪和行为,成为一个更好的人。

总之,直面人性是人生中不可或缺的一部分。只有通过深入了解人性,我们才能更好地应对生活中的挑战和困难,提高自己的能力和竞争力,实现自己的目标和梦想。

2. 揭开人性的本质:善恶的探讨与利益分析法的应用

关于人性本善还是本恶,一直存在不同的学说。主要有两种学说:一种是基于人性本善的孔孟之道,另一种是基于人性本恶的法家思想。

儒家思想认为人本质上是善良的,讲求仁义道德。他们主张每个人都应以此对待他人,这才是君子。然而,儒家思想最大的问题是禁锢了人的思想,等级制度分明,让人们只能越来越顺从、守规矩。

法家思想的代表人物,如韩非子和商鞅,认为人与人之间的关系本质上是一种利益关系。他们认为只要有利益存在,即使关系再疏远的人也能够团结在一起。但一旦触及利益,即使是父子也可能成为老死不相往来的敌人。他们主张通过利益来促使他人对你保持道德,认为这才是真正的道德;而无法给予他人利益，却寄希望于他人对你道德，这是虚伪的道德。

儒家思想描绘了一种理想化的愿景，而法家思想则提供了实现这一愿景的道路。因此，我们要学会运用利益分析法。利益是主导人类运转的关键。每当遇到一件事时，我们应该迅速分析各方的利益关系：你的某个言行损害了谁的利益？又增加了谁的利益？那些因你的言行而受损的人可能会成为你的敌人，而那些因你的言行而获益的人则可能成为你的朋友。

这个世界由两套规则构成：一套是公平、正义、道德和礼仪，这是人们所推崇的表象规则；另一套则是隐藏在背后的利益斗争。第一套规则是表象，而第二套规则才是实质。因此，我们应该用第一套规则去规范自身，用第二套规则去洞察事物。

综上所述，人性无所谓善恶。人们所说的一句话或所做的一件事，往往只是为了满足自己的利益。判断人性善恶的变化应基于利益的考量。在没有利益关系的情况下，人性是善良的；一旦涉及利益，人性就会表现出自私的一面；而当利益足够大时，人性可能会变得恶。利益越大的地方，人们的自私行为就会越严重，当这种自私达到一定程度时，人性就变成了恶。

3. 人性之恶与商业利益

人性的复杂性与矛盾性为商业活动提供了无尽的机会。在商业的舞台上，人类的各种欲望与情感被巧妙地操控和利用，成为商业精英手中的利器。他们精明地洞察我们的人性弱点，并以此为切入点，设计出各种令人欲罢不能的商业策略。

例如，交友网站利用了你的情感，让你沉浸在欲望的海洋中；金融行业利用了你的贪婪，让你追求无尽的财富增长；餐饮酒类行业利用了你的暴食，让你享受美味的同时也享受购物的快感；在线购物和外卖利用了你的懒惰，让你足不出户就能实现一切需求；炫富照片利用了你的傲慢，让你的虚荣心得到满足；游戏行业利用了你的嫉妒和愤怒，让你的沉浸在虚拟世界中。

在这个过程中，我们的弱点暴露无遗，无处躲藏。各种软件和算法通过精准计算，不断地推送你喜欢的东西，以此吸引你的时间和注意力。这种推送机制往往会导致一种结果：强者愈强，弱者愈弱。

4. 善有善报是一种美好期望

"善有善报"是一种人们普遍追求的美好愿景。人们总是期望能够得到好的回报，喜欢看到大团圆、好人得到好报的结局。然而，现实并不总是如此，有时善良的行为未能得到相应的善报，而恶行却得以逍遥法外。但这并不意味着我们应该放弃对善良的追求。

尽管善良的行为并不总是得到回报，但我们不能因此而否定善良的价值。善良是一种宝贵的品质，是维护社会秩序和稳定的重要基石。做一个善良的人，不仅是对自己的要求，还是对他人的尊重和关爱。

当然，做一个善良的人并不意味着要成为笨人。我们应该审时度势，了解社会规则，并学会与他人合作以实现自己的目标。善良需要智慧和勇气的支持，只有聪明而勇敢的善良人才能够在竞争激烈的社会中获得成功。

单纯追求善有善报可能带有功利性，行善应该是一种内心的需求和优秀的品质。我们在追求自己利益的同时，也要考虑他人的利益和社会的发展。做一个聪明的好人，懂得审时度势，争取自己的利益，同时也要顺势而为，这样才能够真正实现"善有善报"的美好愿望。

5. 人与人不能走得太近

我们可以从社会学和心理学的角度深入探讨人与人之间的

距离和其影响。

首先,我们可以引用社会学中"边界感"的概念,这可以理解为个人或团体在物理和心理上划定的界限。在这个界限内,个体会感到安全和舒适。然而,当人们跨越这个界限,就可能会威胁到这种安全感和舒适感。在此背景下,人与人之间过于亲密的关系可能会模糊该界限,导致不必要的压力和冲突。

其次,心理学中的"权威感"可以与"距离"产生有趣的关系。人们往往对不完全了解的事物感到神秘和敬畏,这种心理现象在许多社会情境中都有所体现。例如,当人们过于了解一个人时,他们可能会对这个人的能力和智慧产生怀疑,因为他们不再感到神秘和敬畏。这种心理现象对于人际关系的管理和塑造有着重要的启示。

再其次,人与人之间过于亲密的关系可能会导致"暴露弱点和隐私"。在社交过程中,人们会自然地展示自己的个性和习惯。然而,当这种展示过于频繁或深入时,可能会导致个人隐私的泄露。这可能会引发一系列的问题,如被利用或被威胁。这种现象的背后是人际关系的动态性和复杂性,需要我们审慎地理解和处理。

最后,"矛盾和利益冲突"可能是人与人之间过于亲密的另一个后果。当人们过于亲近时,他们对对方的期望过高,这可能会导致失望和冲突。同时,过于密切的关系可能会导致利益冲突,因为人们可能会为了自己的利益而牺牲他人的利益。这种冲突的解决需要良好的沟通技巧和解决问题的能力。

总的来说,人与人之间的距离是一个复杂的现象,它受到多种因素的影响。在人性和心理学的视角下,我们可以更深入地理解这个现象并找到合适的方式来处理它。通过理解和遵循这些规律，我们可以更好地管理人际关系，并使它们更加健康、长久。

二、证据法的人性分析

没有人能诚实地赚到 100 万美元。
　　　　——威廉·詹宁斯·布赖恩（William Jennings Bryan）

1. 人性对证据法的宏观影响

证据法作为法律体系中的重要基石，是认定事实的关键。然而，在证据法的运行过程中，人性对证据认知的局限性、差异性、主观性、公正性、伦理性、审美力和科学性都产生了不可忽视的影响。

（1）人性对证据认知的局限性

在证据法的运行过程中，人性对证据认知的局限性是不可忽视的因素。由于人类思维和感知能力的限制，对于某些复杂的证据信息，人们可能无法完全理解或准确解读。这不仅包括感官的局限性，如视觉、听觉的限制，还包括认知能力的局限性，如记忆、推理能力。因此，在证据法的设计和实施过程中，必须充分考虑这些局限性，以确保证据法的公正性和有效性。

（2）人性对证据理解的差异性

由于个体的教育背景、生活经历、文化差异等因素，人们对证据的理解往往存在显著的差异。对于同一份证据，不同的人可能会有不同的解读和认知，甚至会产生误解。在证据法中，必须尊重每个人的理解差异，同时通过教育和培训来提高人们的证据解读能力，以减少理解差异对证据法实施的影响。

（3）人性对证据感知的主观性

人们对证据的感知往往受到主观因素的影响，如个人情感、价值观、既定观点等。这些主观因素可能导致人们在感知证据时产生偏向性，从而影响证据法的公正性和客观性。因此，在证据法中，必须通过一定的程序和规则来限制这种主观性，确保证据法的公正性和客观性。

（4）人性对证据判断的公正性

在证据法的实施过程中，判断者的人性也是影响证据判断公正性的重要因素之一。由于人类价值观、偏见和利益关系等因素的影响，判断者在判断证据时可能会产生不公正的倾向或偏见。在证据法中，必须通过一定的程序和规则来确保判断者在判断时的公正性，如设立陪审团制度、律师辩护制度、关于证据能力的规则等。

（5）人性对证据认知的伦理性

在证据法的实施过程中，人性对证据认知的伦理性也是需要考虑的因素之一。人们对于某些证据的认知和解读可能会涉及道德和伦理问题。例如，对于涉及隐私和人格尊严的证据，人们的认知和解读就可能会受到道德伦理观念的影响。因此，在制定和实施证据法的过程中，必须充分考虑伦理因素，以确保证据法的公正性和人权保障。

（6）人性对证据认知的审美力

人性对证据认知的审美力也是影响证据法实施的因素之一。由于人们的审美标准和欣赏水平不同，对于某些证据的认知和解读可能会受到审美能力的影响。例如，对于涉及艺术、文化和社会现象的证据，人们的认知和解读就可能会受到审美能力的影响。因此，在制定和实施证据法的过程中，必须充分考虑审美因素，以确保证据法的公正性和全面性。

（7）人性对证据认知的科学性

人性对证据认知的科学性也是影响证据法实施的重要因素

之一。随着科学技术的不断发展，越来越多的证据涉及专业科学知识。然而，由于人们的科学素养和教育背景不同，对于这些涉及专业科学知识的证据的认知和解读可能会存在差异。在制定和实施证据法的过程中，必须充分考虑科学因素，通过提高公众的科学素养和教育水平来确保证据法的公正性和客观性。

证据法本质上就是规定哪些证据可以采纳，哪些证据不能采纳，在证据规则的制订中，要体现对人性的疏导、尊重和规制。

例如：

第一，在刑事诉讼中，证据法要求司法机关在调查取证过程中必须遵循合法程序，不得采用非法手段获取证据。这体现了对人性的尊重和保护，防止司法机关滥用职权侵犯公民的合法权益。同时，这也提醒司法机关在调查取证过程中必须遵循合法程序，否则获取的证据将不被认可，这有利于促进司法公正和人性化执法。

第二，证据法中还规定了无罪推定原则，即未经人民法院依法判决，任何人都不能被认定为有罪。这体现了对人性的尊重和保护，即保护犯罪嫌疑人和被告人的合法权益。同时，这也提醒司法机关在审判过程中必须遵循法律规定，不得先入为主或偏听偏信，这有利于促进司法公正和人性化执法。

第三，在刑事诉讼中，证据法规定了不得强迫犯罪嫌疑人或被告人自证其罪，这体现了对人性的尊重和保护。如果强迫犯罪嫌疑人或被告人自证其罪，不仅会使其受到精神和肉体上的双重折磨，既违背了被告人的自由意志，还可能使真正的罪犯逍遥法外。因此，证据法对人性进行了规制和顺应，要求司法机关必须遵循合法程序，不得采用强迫自证其罪的方法。

第四,证据法中还规定了沉默权规则,即犯罪嫌疑人或被告人有权保持沉默,有权不回答与案件无关的问题。这体现了对人性的尊重和保护,保护犯罪嫌疑人或被告人的合法权益。

2. 不被强迫自证其罪的正当性与人性

不被强迫自证其罪是一项重要的法律原则,它是指在刑事诉讼中,任何人都有权拒绝回答可能使自己陷入不利境地的提问,不因此承担不利的后果。

第一,关于不被强迫自证其罪的正当性。

这项原则的正当性主要体现在以下几个方面。

其一,保障人权。不被强迫自证其罪是保障个人权利和尊严的重要体现。在刑事诉讼中,犯罪嫌疑人或被告人可能会面临各种压力和诱惑,被迫做出对自己不利的陈述。如果缺乏这项原则,个人权利将无法得到充分保障,导致冤假错案的发生。

其二,促进公正。不被强迫自证其罪有助于促进刑事诉讼的公正性。由于这项原则允许个人拒绝回答可能使自己陷入不利境地的问题,在一定程度上可以避免刑讯逼供等不当取证手段的使用,从而保障诉讼公正。

其三,保护隐私。不被强迫自证其罪有助于保护个人的隐私权。在刑事诉讼中,个人可能需要提供各种信息和证据,如果缺乏这项原则,个人隐私将受到严重威胁,导致信息被滥用或泄露。

第二,不被强迫自证其罪与人性。

不被强迫自证其罪的人性体现,主要在以下几个方面。

其一,尊重人性。不被强迫自证其罪体现了对人性的尊重。每个人都有权保护自己的利益和尊严,不受他人的强迫和威胁。这项原则允许个人在面对刑事指控时,自主决定是否提供证据或陈述，充分体现了对人性的尊重。

其二，激发信任。不被强迫自证其罪有助于激发人与人之间的信任。当个人在面对刑事指控时，如果可以自主决定是否提供证据或陈述，这将增强公众对司法系统的信任。同时，这也将减少犯罪嫌疑人或被告人因被迫自证其罪而产生的抵触和不满情绪。

其三，促进和解。刑事和解是一项重要的刑事政策，不被强迫自证其罪有助于促进社会和解。当个人在面对刑事指控时，可以自主决定是否提供证据或陈述，将减少因被迫自证其罪而引发的抗议和冲突事件，这将有助于建立一个更加和谐、稳定的社会环境。

总之，不被强迫自证其罪是一项重要的法律原则和人权保障措施，它具有正当性和人性化的特点，有助于保障个人权利、促进刑事诉讼公正、保护隐私和激发信任。在实践中，这项原则的应用需要根据具体情况进行权衡和决策。为了确保其有效实施，需要建立健全的法律制度、公正的司法环境和全社会的共识与支持。

3. 沉默权对人性的保护

为了生存，我们讲述。

——琼·狄迪恩（Joan Didion）

沉默权作为一项法律权利，是指个人在面对法律程序或调查时，有权选择不作证或不对问题进行回答。这项权利体现了对人性的尊重和保护，它使个人在面对国家公权力时能够保持自主和尊严。

首先，关于沉默权的起源与演变。

沉默权最早可以追溯到英国的古老法谚"无罪推定"（presumption of innocence)。这意味着在法律程序中，被指控者被假定为无罪，直到证明有罪为止。随着时间的推移，沉默权逐渐发展成为一项基本的人权，被写入了联合国多项公约和宣言中，如《世界人权宣言》和《公民权利和政治权利国际公约》。

其次，沉默权对人性的保护。

其一，保护个人尊严。沉默权防止了个人被迫自我归罪，从而维护了他们的尊严。它确保了个人在面对公权力时，能够坚守自己的信仰和价值观，不因压力而放弃自我。

其二，保障言论自由。沉默权与言论自由紧密相连。当个人有权选择不说时，每个人的言论自由才得以保障。这防止了因强迫个人自我表达而造成的压迫和歧视。

其三，防止证据滥用。在没有合法授权或证据的情况下，强迫个人自我表达可能会引发证据滥用和错误定罪。沉默权保护了个人的隐私权和不被强迫自我归罪的权利，防止了侵犯隐私和自我归罪情况的发生。

最后，沉默权的挑战与未来发展。

尽管沉默权在保护人性方面发挥了重要作用，但它也面临着一些挑战。

其一，对沉默权的滥用可能阻碍真正的犯罪调查。然而，这并不意味着我们应该放弃这项权利，而是需要更精细的立法和司法实践来平衡公共利益和个人权利。

其二，随着科技的发展，强迫个人自我表达的方式也在发生变化。例如，通过强迫使用生物识别技术或网络监控，可能对个人的隐私权构成威胁。这需要我们不断更新和改进法律，以确保沉默权在新的技术环境下仍然能够得到充分保护。

其三，全球化和跨国合作在打击犯罪方面至关重要，然而，这也带来了如何在不同国家的法律体系之间平衡个人权利的问题。未来，我们需要进一步加强国际合作，共同发展既尊重人权又有效的刑事司法体系。

4. 民事自认规则与人性

任何想要引导别人的人，必定具有自我欺骗的能力。
——朱塞佩·托马西·迪·兰佩杜萨
（Giuseppe Tomasi di Lampedusa）

与刑事诉讼中的认罪认罚相对应，自认是指在民事诉讼中，当事人对对方当事人主张的于己不利的事实或证据予以承认，从而免除了对方的证明责任，并将其作为法院裁判的依据。民事自认规则是民事诉讼法中的一项重要制度，它关乎当事人的诉讼权利和实体权利的保障。而人性，作为人类在生物、心理和社会等方面的本质特征，是影响人们行为和思维的重要因素。民事自认规则的设立，体现了对人性的顺应和规制。

第一，关于民事自认规则的优劣。

其优点为：①提高诉讼效率。通过自认，可以减少庭审过程中的争议焦点，降低诉讼成本，提高诉讼效率。②促进调解。自认能够增加当事人在庭审前的沟通，有助于双方达成调解协议，化解矛盾，促进社会和谐。③明确权利义务。自认可以明确当事人的权利义务关系，减少不必要的争议，有效保障当事人的实体权利。

其缺点为：①可能侵犯对方权益。在某些情况下，自认可能会侵犯对方当事人的合法权益，导致不公平的结果。②可能影响司法公正。过于依赖自认可能会导致法官在裁判中忽略事实和证据的真实性，从而影响司法公正。③增加诉讼成本。自认的实施可能需要额外的程序，如证据保全、鉴定等，增加了诉讼成本。

第二，从人性的角度审视民事自认规则。

从人性的角度来看，民事自认规则的优劣如下。

其优点为：尊重意思自治是人性的重要体现，民事自认规则充分尊重了当事人的意思自治，这体现了对人性的尊重和信任。同时，自认可以提高诉讼效率，减少庭审中的争议焦点，有助于当事人达成调解协议，化解矛盾。

其缺点为：人性的复杂性和多样性使自认存在弊端。过于依赖自认可能会导致法官在裁判中忽略事实和证据的真实性，影响司法公正。此外，实施自认可能会增加诉讼成本。

第三，实践应用中的改进建议。

针对民事自认规则的优劣，在实践应用中可以改进和完善的方面如下。

其一，明确适用范围。应当明确规定自认规则的适用范围和适用条件，避免滥用和误用。对于涉及身份关系、公共利益、国家利益等的案件，应谨慎适用自认规则。

其二，加强审查。法官应当加强对自认事实和证据的审查力度，确保其真实性和合法性。对于存在疑点或争议的自认事实和证据，法官应当进行必要的调查和核实。

其三，保障对方合法权益。在适用自认规则时，应当充分考虑对方当事人的合法权益。在对方反对或认为自认损害其合法权益的情况下，应当谨慎适用自认规则。

其四，加强调解工作。应当加强调解工作力度，积极引导当事人通过调解方式解决纠纷。在调解过程中，可以充分运用自认规则促进双方达成协议，化解矛盾。

总之，民事自认规则作为一种重要的诉讼制度，具有提高诉讼效率、促进调解和保障实体权利等优点，但同时也存在侵犯对方当事人合法权益、影响司法公正和增加诉讼成本等缺点。从人性的角度来看，民事自认规则充分尊重了当事人的意思自治和个性需求，然而这可能也会侵犯对方或他方的合法权益。因此，我们要充分发挥民事自认规则的优势，避免其潜在的弊端。

证据法的经济学分析

在经济学上有许多著名的理论和定理，如二八定律、路径依赖、马太效应、凡勃伦效应、搭便车效应、酒与污水定律、木桶定律、奥卡姆剃刀定律、华盛顿合作定律、帕金森定律、蘑菇定律、彼得原理、破窗理论、鲇鱼效应、羊群效应、心理账户理论、倒金字塔效应等，对证据法的制定和实施都有很好的启示，并提供了新的研究视角。

一、经济学的基本思维方式[1]

1. 经济学：引领我们探索幸福之路的学问

经济学，作为一门研究人类行为和资源配置的学科，其终极目标是引领我们找到幸福之路。这一目标凸显了经济学的核心价值——为谋求人类福祉提供指引。正如1925年诺贝尔文学奖得主萧伯纳所言："经济学是一门使人生幸福的艺术。"

许多杰出的经济学家展现出了这种追求幸福的精神。他们的长寿表明，献身于经济学研究本身就是一种幸福。这种幸福的源泉在于，经济学家运用经济学这个工具，以全新的视角理解并解读世界。经济学的首要功能在于提供一种理解世界的平台、一种分析世界的方式，以及一种改造世界的方法。在这个复杂多变的社会环境中，运用经济学的视角和方法观察世界，能使我们更清晰地认识事物的本质。这便是在经济学引领下，

---

[1] 欧俊编著：《经济学一本全》，江西美术出版社2018年版，第3—12页；欧俊编著：《经济学的诡计》，江西美术出版社2018年版，第1页。

"看破红尘"。

要研究经济学，我们需要有哲学家的头脑。经济学的研究任务在于透过现象看本质，揭示隐藏在表面下的经济规律、经济现象和经济关系。正因经济学家们具备深邃的洞察力，他们才能保持愉快的心情。英国著名经济学家约翰·梅纳德·凯恩斯精辟地指出："经济学不是一种教条，而是一种方法，一种心灵的器官，一种思维的技巧，帮助拥有它的人得出正确结论。"优秀的教练员未必比运动员实战水平高，但他能提供宝贵的理论、经验和策略，从而提高运动员的技能。同样的，优秀的经济学家未必是理财能手、成功的企业家或政府官员，但他能给予理财能手、成功的企业家或政府官员非常重要的指导。

经济学不仅能够揭示一个国家经济运行和发展的规律和趋势，更能解决人们日常生活中存在的种种问题。因此，"使人幸福的经济学"并非高不可攀的阳春白雪，也并非停留在经济学家的学术巨著、经济评论家的深奥论点和真假难辨的媒体评论中。它是一门触手可及的学问，其宗旨在于提升社会大众的幸福感。此外，经济学也是一种生活方式。不同的人有不同的禀赋和优势，通过分工合作可以实现资源的优化配置和社会总产出的最大化。这种分工合作的智慧是经济学的核心理念，也是提高社会生产和生活效率的关键。

总之，作为一门研究人类行为和资源配置的学科，经济学的终极目标是引领我们找到幸福之路。通过理解经济学的真谛，掌握其分析世界的方法，并运用其来指导我们的生活和决策，可以获得更大的幸福感。

2. 经济学：关于选择与资源配置的学问

每个人的日常生活都离不开经济学的身影。无论是购物、工作，还是投资、储蓄，我们都在有意无意地运用经济学的原理和概念进行选择和取舍。这些选择不仅关乎物质利益，还涉及情感、道德等非物质利益。经济学的目的在于帮助人们更理性、更客观地认识自己和他人，以及更好地进行决策，从而优化资源配置，实现利益的最大化。

经济学的魅力在于其普适性。无论是个人还是社会，都需要进行选择。选择的背后是资源的有限性，我们只能选择有限的资源去满足某种欲望，而这种欲望的满足程度又与我们的投入和产出有关。经济学的概念，如机会成本、沉没成本、投入产出等，都可以用来解释我们的选择和决策。

资源的稀缺性是经济学研究的核心问题之一。我们如何有效地利用和分配这些有限的资源，以实现最大的效益？经济学的另一个重要概念是资源禀赋，它可以帮助我们客观地评价自己和他人的优势和劣势，从而更好地进行选择和决策。

经济学的另一个重要方面是它对人的行为的研究。人的行为受利益驱动，而利益的来源又与资源有关。一个人拥有的资源越多，他的利益就越大，选择的空间也就越大。因此，提升自己的资源禀赋和创造更多的资源是实现自身利益最大化的关键。

最后，学习经济学不仅可以帮助我们更好地理解社会现象和经济规律，还可以提高我们对幸福和价值的感受能力。通过学习经济学知识，我们可以更好地认识自己的幸福和不幸，从而更好地把握自己的生活。

总之，经济学是一门研究人的行为和资源配置的学问。通过学习经济学知识，我们可以更好地理解自己的选择和决策，以及更好地应对生活中的挑战和问题。

3. 需求与稀缺性

需求是人类社会发展的强大驱动力，源于人类的欲望。欲望的特点在于其具有无限性，即人们的需求总是无法完全满足。一个需求得到满足后，会衍生出新的需求。一句中国谚语"人心不足蛇吞象"恰好描述了这一特性。正是由于人类欲望的无限性，社会才能持续进步。

然而，满足欲望的物质产品和劳务需要各种资源来生产和提供。但我们都清楚，自然资源是有限的。无论社会拥有多少资源，它始终是一个有限的量。相对于人们的欲望，资源量总是不足，物质产品或劳务也总是无法满足所有需求。这种无限欲望与有限资源的关系揭示了稀缺性的存在。

稀缺性并不意味着某种物品是稀少的，而是指该物品不能被免费获取。因此，我们所说的稀缺性通常是相对的，即相对于人们的无限欲望，某些资源和物品总是有限的。为了获得这些物品，人们必须自行生产或与其他物品进行交换。

稀缺性是人类社会永恒的问题，它与人类社会共存亡。由于稀缺性的存在，人们在消费经济物品时需要不断做出选择，例如，决定如何利用有限的资源来生产、如何生产、为谁生产、在稀缺的消费品中如何进行取舍以及如何满足人们的各种需求。这些问题被认为是经济学的研究主题。只有当物品具有稀缺性时，它们才被视为社会财富的一部分。

4. 注意行为的外部性

在观察者眼中，行为的外在影响，尤其是产生的正面影响，被定义为外部性。当这种影响对旁观者产生正面效应时，我们称为"正外部性"，也称为外部经济。反之，如果对旁观者产生的是负面影响，我们称为"负外部性"，也称为外部不经济。

教育是具有正外部性的典型例子。虽然受教育者支付学费并享受受教育的权利，但社会作为一个整体也因此受益匪浅，例如，社会生产率和政治参与率的提高。因此，政府有充足的理由对教育进行资助或补贴。

污染则是负外部性的典型例子。假设某个公司或个人将当地空气或水体作为排放废气的场所，那么它将给下游或下风向的公司或个人带来额外的负担，包括疾病的发生、生产率下降乃至威胁生命安全。如果政府不出手干预，商品的购买者将无需承担全部的成本，这将导致过度生产的低效率。

外部性通常是政府采取干预行为的正当理由：即鼓励正外部性的生产，禁止或遏止负外部性的生产。当外部性存在时，将会影响买卖双方的决策。如果一个商品或一项服务的成本没有完全包含在价格中，它将被过度生产；同样的，商品的价格不能完全反映给社会带来的全部收益时，它的生产将会不足。经济学家认为，这两种情况会扭曲资源的有效配置，从而产生低效率。

著名的科斯定理指出，当外部性存在时，如果牵涉的双方能以零成本进行谈判，则资源的扭曲配置就不会发生。然而在现实中，如大片地区被污染这种情况，组织谈判的交易成本往往非常高，此时政府的干预就是必要的。虽然政府干预的成本很高，但未必会比自由的市场经济更好地解决问题。经济学家哈丁曾提出警告，如果个人不把他们的行为对他人的损害考虑在内，将会带来潜在的灾难。人们越来越意识到这种行为在国内乃至国际上的影响：酸雨、臭氧层破坏、砍伐森林、河流盐度增高和其他环境效应将产生长期的影响，而人们才刚刚开始意识到这种影响并试图解决它。如何解决外部性的问题还没有完美的答案。考虑如何解决外部性问题时要兼顾效率与公平，既分析政府干预的收益—成本，又要考虑谁收益谁受损的价值判断问题。

5. 选择时的非理性

在人类决策过程中，理性与非理性的因素经常交织在一起，相互影响。尽管趋利避害是人的本能，人们往往尝试做出理性的选择，但非理性的因素也时常存在，甚至在某些情况下发挥了积极的作用。

在经济学和博弈论中，有一个经典的"最后通牒"博弈模型，它揭示了理性与非理性在决策中的微妙角色。在这个博弈中，两个人需要分配一笔固定的资金，如10元。一人提出方案，另一人表决。如果表决的人同意，那么就按照提出的方案来分配；如果不同意，则两人将一无所获。

理性的决策者会认为，无论他提出什么方案，对方都会接受，除非他将所有10元都留给自己。因此，他可能会提出一个极度不公平的方案，例如，9.99∶0.01。然而，如果对方是非理性的，他可能会拒绝这个不公平的方案，导致双方都一无所得。在这种情况下，非理性成了一种资源。就像人们拥有的其他资源一样，它可以用来获取好处。这种非理性资源是否能够得到有效利用，取决于个体在博弈中的地位和策略。

谈判是一种合作性的博弈，双方合作通常能够获得更大的好处。然而，如何分配合作带来的好处呢？这需要双方讨价还价。如果双方都是不可缺少的，这个谈判结果往往取决于双方的"非理性"程度。当然，非理性程度需要成为双方的"公共知识"。

在现实生活中，适度的非理性有时能带来好处，尤其是在谈判过程中。然而，积累这种非理性资源需要付出代价。在与他人博弈中，你的非理性可能会导致你的利益受损。但是，如果你能够让别人"记得"你的秉性，或者让他们"归纳"出你的秉性，那么他们在与你再次打交道时就会更加谨慎，不敢轻视你。

6. 注意机会成本

在经济学中，我们需要充分理解机会成本的概念。每当我们选择一种行动或决策时，都需要考虑其背后的机会成本。机会成本可以理解为为了获得某种东西而必须放弃的其他东西，或者是因为选择一种方案而放弃另一种方案所产生的潜在损失。

日常生活中，我们每天都在不断地进行各种选择，而这些选择的背后都涉及机会成本的计算。为了做出明智的决策，我们需要仔细权衡各种选择的机会成本和收益。这种比较和权衡的过程是我们在生活中自觉或不自觉地进行的。

机会成本在经济学中被视为核心概念。它描述了由于资源在某一用途上的使用而放弃的在其他用途上所能获得的利益。这种成本是因选择行为而产生的，因此也被称为选择成本。资源的稀缺性意味着任何一种资源都有多种可能的用途。为了使稀缺的资源得到最有效的利用，我们需要将其用于生产那些最能满足社会需求并能使产量达到最大化的商品。

机会成本的分析在许多领域都起着重要的作用。无论是生产选择、消费选择还是时间安排，都存在机会成本。通过分析机会成本，我们可以明确各种选择背后的利弊，并做出效用最大化的决策。因此，对于理性的人来说，运用机会成本进行决策是至关重要的。

7. 信息不对称下的逆向选择

在信息不对称的情况下，交易中的卖方可能会隐藏某些真实信息，导致买方的选择并非最优，这就是逆向选择。美国经济学家阿克洛夫于1970年提出的经典旧车市场模型，为逆向选择理论奠定了基础。

信息不对称是逆向选择的根本原因。在商品市场中，买者和卖者所掌握的信息是不平等的，卖者相比买者更了解产品的实际质量、性能以及相应的成本。这在经济学中被称为买者和卖者的"信息不对称"。信息不对称是一个相对的概念，因为双方中必然有一方拥有更多的信息。在经济学中，理性人被视为会追求自身利益的最大化，因此信息相对充分的一方的行为可能会为另一方带来风险，这就是逆向选择。

逆向选择对经济具有负面影响。例如，高质量的卖方和需要高质量产品的买方可能无法完成交易，双方的效用都会受到损害；低质量的企业得以生存并获得发展机会，迫使高质量的企业降低质量，从而使得买方以预期价格获得的产品质量下降。

信息不对称使双方都从自身利益出发做出选择，但这些选择不利于对方，结果就是双输的局面。

8. 子非鱼，安知鱼之乐：偏好与效用

在经济学领域，偏好与效用是两个密切相关的概念。偏好是指消费者对不同商品或服务的主观评价和选择，而效用则是消费者从消费商品或服务中获得的主观满足感。这两个概念在经济学中扮演着重要的角色，被广泛用于解释消费者的购买行为和决策过程。

偏好是微观经济学的基础概念之一，它指的是消费者根据个人意愿对可供选择的商品组合进行的排序。这种排序可以是多种商品，也可以是两种商品。偏好是主观的，因为它是个人的评价，只代表某个人认为一物优于另一物；同时，偏好也是相对的，因为一个人的主观偏好会随着时间的推移而发生变化。

在经济学中，偏好关系具有两个重要的性质：非对称性和传递性。非对称性是指如果某人认为物品 A 优于物品 B，那么他不能同时认为物品 B 优于物品 A。传递性则意味着如果某人认为物品 A 优于物品 B，且物品 B 优于物品 C，那么物品 A 肯定优于物品 C。

偏好是对一种货物、事件或项目的喜好程度，高于对一种或多种其他货物等的喜好程度。这种偏好可能会随着时间的推移而发生变化，但它并不是随时间本身的变化而变化。时间并不是一个人效用偏好结构改变的决定因素。

效用会因人、因地、因时而异。同样是一杯水，对于长途跋涉、口干舌燥的人来说，他感到的满足程度肯定会大于一个随处都可以喝到水的人；同样是一包香烟，对于烟民来说，具有很大的效用，而对于不吸烟的人来说，根本就没有任何效用可谈。效用与个人的偏好有着密切的关系。消费自己偏好的商品，得到的效用会比消费自己不喜好的商品多很多。同样是1元钱，对于穷人和富人的效用是不一样的。因此，偏好在先，效用在后。每个人的偏好不同，对效用的评价也不同。效用的大小取决于偏好程度，对某个事物偏好程度大，它的效用就大；反之亦然。

总的来说，偏好和效用是经济学中两个重要的概念，它们之间的关系复杂而有趣。它们被广泛应用于解释消费者的购买行为和决策过程，也为我们理解经济学的其他方面提供了重要的工具和视角。

9. 边际效用递减规律

边际效用递减规律是经济学中的重要概念，描述了在一定时间内，随着消费或生产数量的增加，所获得的效用或收益逐渐减少的现象。这一规律最早由奥地利学派的创始人门格尔提出，他认为价值取决于人们对财货效用的主观评价，而边际效用量决定着财货的价值量。

在现实生活中，我们可以观察到许多边际效用递减的例子。例如，当我们饥饿时，吃第一个馒头会带来最大的满足感，但随着继续吃馒头，满足感会逐渐减少，吃最后一个馒头时，满足感可能已经变成了零甚至负数。同样，在生产领域中，随着投入的增加，产出也会先增加后减少，这是因为当超过一定点后,再增加投入会导致资源的浪费或效率下降。

在经济学中,边际效用递减规律被广泛应用于制定价格策略、农业生产、人力资源管理等领域。例如,企业在制定价格策略时,需要考虑价格与消费者需求的关系,以及不同价格水平下消费者所获得的效用或收益。此外,政府也应该制定合理的政策和法规,以保护环境、维护市场秩序和促进可持续发展。

尽管边际效用递减规律看似悲观,但它实际上提醒我们要理性消费和生产。在日常生活中,我们应该注意合理安排自己的消费和生产活动,避免过度消费和浪费资源。同时,政府也应该制定合理的政策和法规,以保护环境、维护市场秩序和促进可持续发展。总之,边际效用递减规律是经济学中的一个基本概念,它有助于我们更好地理解市场运作和经济现象。同时,它也提醒我们要珍惜资源、理性消费和生产,以实现可持续发展。

10. 防止劣币驱逐良币:经济学原理及其在资源配置和社会效率方面的挑战

在经济学中,一个古老且富有洞察力的原理,即"劣币驱逐良币",揭示了货币流通中的一种特殊现象。当金币和银币作为本位货币并按照固定比率自由交换时,由于金属本身的价值变动,市场上出现了一种"劣币驱逐良币"的现象。例如,当银的价值降低时,人们会用银兑换金并把金储存起来,结果使银在流通领域中占据主导地位,而金则被排挤出市场。这一现象最早由英国财政大臣格雷欣发现,因此也被称为"格雷欣法则"。

劣币驱逐良币本质上是一种"逆淘汰"现象,背离了优胜劣汰的竞争法则。产生这种现象的根本原因是信息不对称和博弈不充分。在信息不完全和博弈不充分的情况下,劣币很容易通过交换将良币排挤出市场。

这种逆淘汰现象不仅会导致资源配置的失当,更会导致社会效率的低下。那么，良币如何突破劣币的重重包围呢？如果任由这种逆向选择发展，社会岂不是越来越倒退了吗？事实上，劣币驱逐良币的困境并非无法避免，只要我们能够充分流动信息，明确区分优劣，建立良好的信用机制，这个问题就能得到解决。

在市场中，劣币与良币永远共存。不同品质或等级的物品和行为共存是很正常的，关键在于市场上存在一个信息对称的竞争环境和市场定价机制。通过充分的信息流动和良好的信用机制，我们可以有效地防止劣币驱逐良币的现象，促进资源的优化配置和社会效率的提高。

二、经济学思维对证据法的影响

经济学注重创造财富、提高效率、防止拖延，这对证据法具有非常重要的启示作用。"迟到的正义是非正义"，无论是取证、举证、质证程序还是认证程序，提高诉讼效率是我们必然的选择。

1. 从经济学看举证时限制度

举证时限制度是现代法律体系中的一项重要制度，它规定了诉讼当事人在法庭上提交证据的时间限制。在传统的司法体系中，由于缺乏时间限制，当事人可能会无限制地提交证据，导致案件审理时间过长，司法效率低下。而举证时限制度的实施，使得当事人必须在规定的时间内提交证据，从而减少了法庭审理时间，提高了司法效率。这一制度的经济学原理在于提高司法效率、降低诉讼成本、促进市场交易和优化资源配置。

（1）提高司法效率

举证时限制度的核心目的是提高司法效率。在诉讼过程中，如果允许当事人无限制地提交证据，会导致案件审理时间过长，浪费司法资源。而举证时限制度的实施，使得当事人必须在规定的时间内提交证据，从而减少了法庭审理时间，提高了司法效率。这有助于减少案件积压,提高司法体系的运转效率。

(2) 降低诉讼成本

举证时限制度的实施也降低了诉讼成本。在无限制的举证环境下,诉讼当事人需要花费大量的时间和金钱来收集和提交证据。而有了举证时限制度,当事人只需在规定的时间内提交关键证据,减少了证据收集和提交的成本。同时,这也降低了法庭在审理过程中的成本,包括人力、物力和时间成本。这有助于减少当事人的经济负担,提高司法体系的可持续性。

(3) 促进市场交易

举证时限制度还有助于促进市场交易。在某些商业纠纷中,由于缺乏时间限制,可能会导致商业机会的丧失。而有了举证时限制度,商业纠纷的解决更加迅速,商业机会得以保留。这有助于促进市场交易的顺利进行,提高市场经济的效率。这也有助于维护商业关系的稳定性和可预测性,减少因诉讼拖延而带来的商业风险。

(4) 优化资源配置

举证时限制度还有助于优化资源配置。在无限制的举证环境下,过多的时间和金钱可能会被投入证据收集和提交上,而忽略了其他更具有生产性的活动。而有了举证时限制度,当事人可以将更多的时间和金钱投入生产性活动中,实现资源的优化配置。这有助于提高整个社会的经济效益,推动社会经济的发展和创新,提高社会的整体福利水平。

总之,从经济学角度看,举证时限制度对于提高司法效率、降低诉讼成本、促进市场交易和优化资源配置具有积极意义。这一制度的实施有助于提高证据法律体系的功能性和效率性,从而更好地服务于社会经济的发展。然而,在实际操作中还需要根据不同国家和地区的具体情况进行适当的调整和完善,以实现举证时限制度的最佳效果。

2. 从经济学看非法证据排除

在证据法学中，非法获得证据的可采性是一个备受关注的问题。在经济学视角下，对非法获得证据进行成本收益分析，可以为我们提供一种新的研究思路。

（1）刑事案件中警方非法获得的被告人供述

在刑事案件中，警方通过非法手段获取被告人供述的成本主要包括：因采用非法手段导致的法律程序成本、被告人的痛苦成本等。而其收益则可能包括：提高破案率、减少犯罪行为等。然而，这种收益是以牺牲被告人的权利和尊严为代价的，因此，从经济学角度来看，这种收益是不合理的。

（2）刑事、民事案件中私人非法获取的证据

在刑事、民事案件中，私人通过非法手段获取证据的成本主要包括：因采用非法手段导致的法律程序成本、损害他人权益的成本等。其收益则可能包括：获得有利于自己的证据、提高胜诉率等。如果收益是以牺牲他人权益为代价的，则具有不公正性；如果没有严重侵害他人合法权益或者违反法律禁止性规定，则可以采纳。

（3）刑事案件中警方非法获得的实物证据

在刑事案件中，警方通过非法手段获取实物证据的成本主要包括：因采用非法手段导致的法律程序成本、损害他人权益的成本等。其收益则可能包括：提高破案率、减少犯罪行为等。与获取被告人供述不同，对于实物证据，法官具有一定的自由裁量权。因此，其存留与否的成本收益比较更为复杂。

总之，在刑事案件中，警方非法获得的被告人供述应当排除；在刑事、民事案件中，私人非法获取的证据原则上应予采纳；在刑事案件中，警方非法获得的实物证据则应由法官自由

裁量以决定其存留与否。

为了提高司法公正性和效率，笔者建议：加强对非法获得证据行为的监管力度，降低其发生的概率；提高司法人员的素质，加强对非法获得证据的识别能力；加强法治教育，提高公众对非法获得证据的认识和重视程度。

3. 证明责任的经济学分析

证明责任是指在法律诉讼中，当事人对自己的主张提供证据进行证明的责任。当一个争议发生时，当事人需要通过提供证据来支持自己的主张，以说服法官或仲裁机构作出有利于自己的裁决。证明责任通常包括举证责任和说服责任两个方面。举证责任是指当事人提供证据的责任，而说服责任则是指当事人运用证据说服裁判者的责任。在法律经济学中，证明责任作为一种经济行为，具有重要的研究价值。

证明责任受到多种因素的影响，包括法律因素、事实因素和心理因素等。法律因素包括法律规定、诉讼程序、证据规则等，这些因素直接影响着当事人的证明责任分配。事实因素包括案件事实、证据的可得性等，这些因素直接影响着当事人能否成功地证明自己的主张。心理因素则包括当事人的认知偏差、情感因素等，这些因素会影响当事人的证明策略和表现。

从经济学的角度来看，证明责任是一种成本和收益的权衡。当事人在进行法律诉讼时，需要投入时间和金钱来收集证据和进行辩护。如果当事人能够成功地证明自己的主张，那么他们可能会获得经济赔偿或其他的收益。但是，如果当事人无法成功地证明自己的主张，那么他们可能会承担败诉的风险和法律费用等成本。

在证明责任的经济学分析中，我们可以使用博弈论、成本收益分析等方法来研究当事人的策略和行为。例如，我们可以研究当事人在证据收集和辩护中的投入和收益,以及他们如何根据对方的策略来调整自己的策略。我们还可以研究如何降低当事人在法律诉讼中的成本和提高他们的收益,例如,通过改进证据规则和诉讼程序等。

而博弈论和成本收益分析是经济学和社会科学中常用的研究方法,它们可以帮助我们更好地理解当事人在决策过程中的行为和决策。

（1）囚徒困境博弈

囚徒困境博弈是一种经典的博弈模型,它可以帮助我们理解当事人在合作与背叛之间的权衡。在这个模型中,两个参与者都有两种选择：合作或背叛。如果两个人都选择合作,则他们都将得到较高的收益；如果两个人都选择背叛,则他们都将得到较低的收益。如果一个人选择背叛而另一个人选择合作,则背叛者将得到最高收益,而合作者将得到最低收益。因此,当事人在决策过程中需要在合作与背叛之间进行权衡,以最大化自己的收益。

（2）纳什均衡

纳什均衡是一种在博弈论中常见的概念,它可以帮助我们理解当事人在决策过程中如何平衡自己的利益和对方的利益。在纳什均衡中,每个参与者的策略都是最优的,也就是说,没有任何一方可以通过改变策略来增加自己的收益。在当事人研究中,纳什均衡可以帮助我们理解当事人在决策过程中如何平衡自己的利益和对方的利益,以及如何达到最优的决策。

（3）成本效益分析

成本效益分析是一种评估决策成本和收益的方法。在当事人研究中,成本效益分析可以帮助我们理解当事人在决策过程中的成本和收益,以及如何做出最优的决策。例如,如果一个当事人在决策过程中需要投入一定的资源来获得更高的收益，那么他需要评估投入的资源和获得的收益之间的比例。如果投入的资源过多，则可能会导致收益减少；如果投入的资源过少，则可能会导致收益不足。因此，当事人需要做出最优的决策，以最大化自己的收益。

（4）成本效用分析

成本效用分析是一种评估决策成本和效用之间关系的方法，例如，如果一个当事人在决策过程中需要考虑自己的健康和安全，那么他就需要评估自己的效用和成本之间的关系。如果为了获得更高的收益而牺牲自己的健康和安全，那么这种决策可能是不划算的；如果为了保护自己的健康和安全而放弃一些收益，那么这种决策也可能会影响自己的生活水平。

总之，证明责任是法律经济学中的一个重要问题，博弈论和成本收益分析是经济学和社会科学中常用的研究方法，它们可以帮助我们更好地理解当事人在决策过程中的行为和决策。在当事人研究中，我们可以使用博弈论和成本收益分析来研究当事人的策略和行为，以帮助他们做出最优的决策。

4. 证明标准的经济学分析

在法律体系中，证明标准是衡量证据是否足够确凿的关键准则，它决定了案件事实或主张是否能够被接受或推翻。这一标准在法律决策过程中起着至关重要的作用，因为它直接影响了案件的结果和当事人的权益。证明标准的经济学意义在于：

第一，资源配置。证明标准的设定会影响司法资源的配置。较高的证明标准通常需要更多的证据和更复杂的审判过程，从而导致了更多的司法资源投入。相反，较低的证明标准可能会节省司法资源。

第二，激励机制。证明标准的设定也提供了对诉讼行为的激励。较高的证明标准可能会鼓励当事人采取更多的预防措施以降低风险，而较低的证明标准可能使当事人更愿意通过诉讼来解决问题。

第三，风险分配。证明标准的设定会影响风险在当事人之间的分配。较高的证明标准可能使败诉方承担更大的风险，而较低的证明标准可能使胜诉方承担更大的风险。

对于证明标准，我们可以采取：①成本效益分析。从成本效益的角度来看，设定适当的证明标准可以平衡司法公正与司法效率之间的关系。过高的证明标准可能导致司法资源的不必要消耗，而过低的证明标准可能导致司法不公。因此，合理的证明标准应当是在保证司法公正的前提下，尽可能地降低司法成本。②博弈论分析。从博弈论的角度来看，证明标准的设定会影响当事人在诉讼中的行为和决策。过高的证明标准可能导致"囚徒困境"，使当事人更倾向于隐瞒证据和避免诉讼；而过低的证明标准可能导致"道德风险"，使当事人更倾向于过度诉讼和浪费资源。因此，合理的证明标准应当是在保证当事人有足够的激励进行诉讼的同时，避免出现道德风险。

对此，法院应当努力提高司法效率，在保证公正的前提下尽可能地减少案件的处理时间。这可以通过采用现代化的技术手段、提高法官的专业素养以及优化工作流程等方式来实现。同时，也要加强对法官的职业培训，使他们能够更好地理解和应用经济学的原理来指导证明标准的实践。

另外，要提高当事人的举证能力和证据意识，帮助他们更好地收集和提供证据来支持其主张的事实；强化法官的自由裁量权，以实现个案的公正与公平；建立多元化纠纷解决机制，鼓励当事人通过调解、仲裁等方式解决纠纷，减轻法院的负担，降低诉讼风险。

证据法的心理学分析

一、心理学的一般理论

心理学与我们的日常生活紧密相关，我们几乎每天都会和它打交道。无论我们能否意识到，心理学对我们的影响都是一直存在的；同样的，我们做出的，甚至是一些细微到平时我们都忽略的动作，都有心理在起作用。利用心理学，我们可以更好地规划和管理自己的生活，提高自己的生活质量；掌握心理学，也可以更好地进行诉讼。

1. 我们身边的马太效应

在我们生活的世界中，马太效应这一揭示强者愈强社会现象的原理无时无刻不在发挥着影响。有这样一句古老的话："凡有的，还要加给他，叫他有余；凡没有的，连他所有的也要夺去。"美国的一位哲学家首次用这句话概括了一种社会心理效应，即：对已有相当声誉的科学家做出的贡献给予的荣誉越来越多，而对于那些还没有出名的科学家则不肯承认他们的成绩。这一现象广泛存在于各个领域，无论是在管理过程中的用人策略，还是在青少年教育以及日常的社会交往中，都能找到它的影子。

在人成长的过程中，马太效应的影响十分显著。对于已经成名的人才，社会给予其的荣誉和资源会不断累积；然而，对于那些尚未出名的潜力人才，由于其尚未被社会广泛关注，即使他们已做出不少贡献，其劳动成果往往无人问津，甚至在工作、研究中会遭受非难、妒忌等。面对这种情况，我们不应陷入抱怨，而是要以此为动力，提升自身的能力和价值，将其慢慢地向正面的效果转变。让我们把负面的效果看作是一个自我锻炼的台阶，通过这个台阶，一步步地提升自己。

2. 利用心理学观察人的内心

通过心理学的视角来洞察人类的内心世界，是我们在日常生活中建立有效人际关系的关键。在人际交往中，我们需要深入了解他人的情感和内心活动，以便获得真实的交往体验。一个人的言行举止，甚至是一个眼神，都向外界传递着他们内心的信息，这些信息揭示了他们的真实感受以及潜在的性格特征。我们越能准确把握对方的心理，就越能实现我们的交往目标。因此，通过心理学的原理来理解对方的心理和性格，可以使我们的交流和处事更加准确和到位，这种能力可以帮助我们在人际交往中游刃有余。

此外，在日常生活和工作中，人们使用的语言可能包含多种不同的含义。我们需要通过仔细倾听和理解他人的话语来识别他们的真实意图。例如，一个人的言辞可能看似无关紧要，但仔细分析可能会揭示出他的真实想法和态度。这种洞察力在建立和维护人际关系中具有重要作用。

总之，通过心理学的视角来观察和理解人类的行为和语言，是建立有效人际关系的重要手段。这种方法可以帮助我们更好地了解他人的情感和需求，从而更好地适应和满足他们的需求。同时，它还可以帮助我们更好地理解自己的情感和行为，从而更好地管理自己的情绪和实现自己的目标。

3. 你的性格是什么——性格心理学

"江山易改、本性难移"，性格特质是心理学中的核心议题之一。这些特质由个人的价值观、信念、行为模式和情感反应等方面构成，对我们的日常生活和人际关系产生深远的影响。然而，性格特质并非固定不变的，其具有一定的可塑性。

为了更好地理解性格特质，我们可以将它们分为九种类型：和平型（看）、完美型（想）、助人型（做）、成就型（成）、自我型（我）、理智型（思）、疑惑型（疑）、领袖型（干）、活跃型（说）。每种类型在日常生活中都有其特定的表现形式和特点。例如，完美型的人追求完美，注重细节；助人型的人具有热心肠，善于帮助他人；领袖型的人则具有领导才能，善于指挥和协调。

除了性格特质，人的气质也可以被分为四种类型：胆汁质、多血质、黏液质和抑郁质。胆汁质的人情绪波动强烈，容易冲动；多血质的人情感丰富，活泼热情；黏液质的人考虑问题细致周到，有谋略；抑郁质的人则多愁善感，情感细腻。

了解自己的性格特质和气质类型对于个人的自我认知和人际交往具有重要意义。通过深入了解自己的性格特点，我们可以更好地理解自己的行为模式和情感反应，从而更好地处理人际关系和应对生活中的挑战。同时，了解他人的性格特质和气质类型也有助于我们更好地与他人相处和合作。

总之，人的性格特质和气质类型是心理学中重要的研究领域之一，它们对于我们的日常生活和人际关系都有着深远的影响。通过深入了解自己和他人的性格特点，我们可以更好地理解彼此之间的差异和相似之处，从而更好地沟通和合作。

4. 眼睛是否具有欺骗性——感知心理学

在我们的生活中，与外部世界的交互促进了我们对社会的理解，这种理解以信息的形式出现，并进一步塑造了我们的感知。然而，感知并不总是准确的。在日常生活中，我们观察物体时，形状、光线和颜色的干扰以及个人的心理和生理因素都可能导致我们看到的不完全符合实际情况。尽管我们的眼睛存在视觉误差，无法感知空间和深度，但我们的感知可以利用经验和常识来弥补这一缺陷，使我们能够在观察物体时根据其清晰程度判断其远近。这就是感知的力量。

感知可以根据不同的标准分为不同的类型：

第一，听感知。人们在观察物体时，并非毫无章法，而是有一定的视觉规律。一般来说，人的左视野优于右视野，下视野优于上视野，视线的移动方向一般偏好左下方。当你在思考一个问题时，被一阵绵长的音乐声打断，你的听感知会变得警觉。在这种情况下，听感知的刺激可能超过了对思考的专注，这是一种感知掩蔽现象。这种现象不仅存在于听感知中，同时还表现在味感知和嗅感知中。

第二，味感知。食物刺激舌头上的神经细胞，刺激信息传入大脑形成人的味感知。由于舌头上的味蕾分布不同，因此对不同食物的感知也会不同。单独依靠味感知很难判断出具体是什么食物，还需要与其他感知结合判断。

第三，嗅感知。空气中的气味气体进入鼻腔刺激嗅觉细胞，然后这个刺激信息返回大脑形成人的嗅感知。嗅感知有时能够唤起人的记忆，当人们闻到某种特殊气味时，与这种气味关联的记忆可能在不经意间被唤醒。同时，气味还会对精神产生作用，例如，利用某些香草来治愈失眠和缓解紧张情绪。

第四，触感知。当物体接触到皮肤时，皮肤受到刺激而产生的感觉被称为触感知。一般来说，嘴唇和指尖的触感知较为发达，而躯干部分的触感知则相对迟钝。如果持续接受相同的刺激，触感知可能会有越来越不明显的倾向，这是一种适应现象，其他感知也存在这种情况。

感知是一种心理活动，受到许多方面的影响，如人的经验、判断力、内心情绪和动机等。在此，我们将重点探讨感知如何受到内心情感变动的影响。例如，当我们的心情很好时，会觉得一切都非常美好；而当我们的心情不好时，可能会觉得"喝凉水都会塞牙"，这是一种正常的心理现象。这种现象与我们自身的心情息息相关，也与周围的环境有很大关系。我们经常会因为周围环境的不同而产生不同的想法。而将同一个物体置于不同的环境中，往往会形成不同的感觉甚至错觉，这影响了我们的感知。

我们究竟能够看到多少真相？我们能够对一件事物掌握多少事实？这是值得探索的问题。在很多情况下，我们会形成思维定式并依赖生活经验来判断事物。然而，这样做有时会迷失自己。因此，我们应该充分发挥自己的想象力和观察力，摆脱思维定式，培养自己敏锐的洞察力和立体思维。可以说，经验帮助人们按照类型记忆事物和判断事物，帮助人们简化学习过程，在认识同一类事物时利用经验会更加省力、更加容易。然而，凡事都有利有弊，经验有时也严重限制了我们的思维突破和创新。[1]

5. 色彩影响人的心理感觉——色彩心理学

色彩心理学是研究色彩如何影响人的心理感受的学科。这种影响不仅源于客观的视觉刺激，还与人们的主观心理反应密切相关。例如，当我们看到橙色时，会自然而然地联想到红色和黄色的混合；而当我们目睹紫红色时，会本能地想象蓝色和红色的融合。然而，当我们面对黄色时，却无法将其解读为红色和绿色的混合。

实际上，红、黄、蓝、绿这四种颜色在心理学领域被视为

---

[1] 宏桑编著：《心理学原来这么有趣》（漫画版），人民邮电出版社2023年版，第55页。

四原色。当人们长时间凝视某一种色彩后,视线转移到其他地方时,会短暂地出现心理残像的颜色,这些心理残像的颜色大多以四原色为主。

大自然中,各种颜色以及它们之间的细微变化都承载着一定的情感意义。人们在长期的观察和实践过程中,赋予了不同颜色特定的含义、感受和心理反应。色彩的冷暖感受是其中一个重要的方面。我们在日常生活中经常提到冷色调和暖色调,这充分说明颜色能给我们带来冷或暖的心理体验。在色彩的世界里,不同颜色能引发我们不同的感觉。

除了冷暖感受,色彩还有重量感受。不同的颜色会引发我们轻松或压抑的心理感受。有研究专门针对这一问题进行过深入探讨,结果发现颜色差异越大的箱子,看起来的重量差别也越大。例如,为了保护财务或重要文件的安全,保险柜除了要有精巧的构造来防止被盗,还要在视觉上增加重量感。设计者巧妙地利用了黑色、棕色等颜色的沉重感,使人们从内心产生一种无法搬动的感觉。

此外,关于人眼对色彩的适应能力,有以下几点值得注意:首先,人的眼睛能够在一定时间内对色彩进行适应。当照明条件改变时,眼睛会通过一定的生理调节对光的明暗度进行适应,以获得相对清晰的影像。其次,在实际应用中,有一种颜色会借助光的刺激发出红光。红光只对锥体细胞起作用,对杆体细胞不起作用,所以红光不会阻止杆体细胞的暗适应过程。因此,汽车尾灯采用红灯,飞机驾驶舱采用红光照明。最后,当我们看红色物体一段时间后,再观察绿色或淡黄色等其他颜色物体时,会发现后者的颜色发生了变化,而且是带有原来红色的色光适应的成分。这种现象其实是一种颜色适应,即先看到的色彩会对后看到的色彩造成颜色视觉的影响。

最后需要强调的是，物体的颜色不仅取决于光、物体、人眼的特性，还会受到人的知识、经验的影响。因此，我们要利用这些视觉的色彩适应心理来服务我们的日常生活，让这些心理现象更好地给我们的生活增添色彩。

6. 说服他人——交流和说服中的心理学

在当今人际互动日益复杂的背景下，我们时刻与他人进行着信息的交流与沟通。在这个过程中，心理学发挥着至关重要的作用。如果我们能深入理解并掌握交流中的心理学规律，便能更好地理解他人的真实意图和情感，进而拉近彼此的距离。

首先，我们必须关注眼神在交流中的作用。眼睛不仅是接收信息的窗口，还是情感沟通的桥梁。人们通过眼神交流信息、表达情感，其复杂性和深度不亚于任何语言。当一个人对某事物或某人充满兴趣时，他的瞳孔会扩大；反之，当面对不喜欢的东西时，瞳孔则会缩小。此外，眼神的变化还能反映出一个人内心的状态。例如，如果一个人的眼神坚定且说话流畅，说明他对自己的表达充满自信；而如果他的眼神飘忽、不自信，则说明他可能对自己的观点感到不安。

其次，我们还应关注肢体语言的影响。肢体语言是一种无意识的行为，它比语言更能真实地反映出一个人的内心世界。一些微小的肢体动作，如倾斜头部、交叉手臂等，都可能揭示出一个人对谈话内容的态度和情感。只要我们在交流时多加留意这些细节，便能更准确地解读他人的情感和意图。

最后，表情也是我们理解他人心理的重要线索。人们的表情往往会无意识地流露出他们的情感状态。一个快乐的表情可能意味着他们感到愉快和满足，而一个紧张的表情则可能表明他们感到压力或不安。培养观察和解读表情的能力，将有助于我们更好地理解和回应他人的情感需求。

在人际沟通中，说服他人接受自己的观点或要求是一项重要的技能。要想成功说服他人，首先应尊重对方的意见和需求，避免使用强迫或命令式的语气。我们应该学会倾听对方的观点，理解他们的需求，并在此基础上提出自己的观点和建议。通过这种方式我们可以建立信任和共识，从而更有效地说服他人。

总之，这些心理学知识在我们的日常交流中扮演着重要的角色，学会运用这些知识，我们将能更有效地与他人进行沟通，更好地理解他人的情感和需求，从而建立更深层次的人际关系。

7. "富兰克林效应"——真正的成熟从"麻烦别人"开始

在心理学领域，有一个引人注目的现象被称为"富兰克林效应"。这个概念源于一个故事，讲述的是富兰克林还是美国宾夕法尼亚州的一名州议员时，如何通过"麻烦别人"来建立人脉并获得支持的。

在故事中，富兰克林希望得到一位国会议员的帮助，但这位议员曾在公开演讲中反对过他的言辞，这让富兰克林陷入了困境。然而，富兰克林无意中了解到这位议员家有一套极为稀缺的图书，其巧妙地利用这个信息，谦恭地写信向这位议员借书。出乎意料的是，这位议员同意了他的请求，并且在两人见面时主动与富兰克林打招呼，表示愿意再次帮助他。这个经历让富兰克林认识到，让别人喜欢你的最好方法不是去帮助他们，而是让他们来帮助你。这就是"富兰克林效应"的核心含义。

这个效应提示我们，通过"麻烦别人"可以建立意想不到的人际联系。那些不愿意寻求帮助的人可能会给人一种难以接近的感觉，而那些愿意麻烦别人的人反而更容易获得别人的好感。事实上，主动寻求别人的帮助有时候是一种人际交往的智慧。

从更广泛的角度来看，正确地"麻烦"别人可以构建有价值的人脉关系。价值交换理论认为，人与人交往的本质是价值的互换。当双方的价值对等时，关系才会长期维系并不断加深。这里的价值并不仅指物质层面的交换，还涵盖了精神和思想层面的交流。最持久的人脉关系是那些彼此需要并能实现双赢的关系。

然而，"麻烦别人"也需要掌握适当的界限和分寸。只有在对方的能力范围之内，以及在两人关系程度的范围之内，这种行为才能被视为"恰当"。正确地麻烦别人是一个人真正走向成熟的开始，而懂得在何时何地寻求帮助，以及何时给予回报是人与人之间最合理的相处方式。[1]

在这个充满挑战的人生舞台上，我们不能总是独自表演。与其一个人唱独角戏，不如学会互相成就。如果我们不懂得互相麻烦，就可能会在互相冷落中渐行渐远。通过正确地麻烦别人，我们可以使彼此的关系更加紧密。因此，"麻烦别人"不应该被视为一种负担，而应该被视为一种建立和深化人际关系的有价值的方式。

8. 欺骗让人类进化得更聪明——谎言心理学

在漫长的进化历程中，人类的大脑作为众多奇迹中的瑰宝，既展现出令人叹为观止的特质，又蒙上了一层神秘的色彩。数据显示，原始人的大脑容量仅为现代人的1/3。然而，在150万年到200万年前的某个时期，我们祖先的大脑以惊人的速度开始了扩展。尽管科学家们一直试图揭示这一现象的根源，但至今仍未能得出确定的结论。

近年来，一种观点逐渐受到重视，即欺骗在某种程度上促使我们变得更聪明。由于人类及其直系祖先所生活的群体比其

---

[1] 有书编著：《一读就上瘾的心理学》，天地出版社2023年版，第319页。

他灵长类动物更加庞大且复杂，个体间的相互依赖和竞争关系也相应地更为强烈。在这样一个环境中，每个人都需要思考并记住自己见过的每一张脸，区分谁是你的朋友，谁是你的敌人。此外，个体还需要预测自己的行为可能产生的影响，以及预测其他行为可能对自己的影响。所有这些都需要在不断变化且混沌的环境中完成。[1]

相比之下，与大自然打交道的社会生活对人类的智慧要求较低。然而，当我们的祖先离开森林来到开阔的大草原时，复杂的社会生活需求与新环境所带来的挑战融合到了一起，推动我们的祖先向更高的智力进化。这犹如一只强有力的大手，将我们的祖先推向了智慧的巅峰，智人由此诞生。

9. 识别谎言不容易

没有办法隐藏你那充满谎言的双眸。
——老鹰乐队演唱的单曲《谎言的双眸》(Lyin' Eyes)

美国得克萨斯基督教大学的心理学家查尔斯·邦德（Charles Bond）博士开展了一项涉及63个国家的2520名成年人的研究，旨在探索他们是如何识别撒谎者的。结果显示，超过70%的受访者认为撒谎者眼神躲闪。此外，大部分受访者还指出撒谎者在编织谎言时，身体可能会不自觉地摆动或扭动，出现口吃，或者不自觉地触碰或抓挠自己。邦德博士指出，这种既定的刻板印象在每种文化中都存在，但如果这些所谓的特点和表现是准确的，那么撒谎这个行为也就不会那么令人困惑了。然而，事实上，这种刻板印象没有任何证据支持。

---

[1] [英]伊恩·莱斯利：《说谎心理学：那些关于人类谎言的有趣思考》，张蔚译，中国人民大学出版社2022年版，第4页。

邦德博士与另一位研究谎言的专家贝拉·德保罗（Bella DePaulo）博士合作，对100多项有关欺骗检测的学术研究进行了元分析。他们发现，所有这些学术研究中的被试者对谎言的正确识别率均值为47%，甚至还不如抛硬币的概率高。这表明我们在识别谎言方面的表现并不比随机猜测更好。

在日常生活中，我们也常常面临"真实偏见"，即除非有令人信服的理由明确某人在说谎，否则我们不会朝这个方向去思考。我们可能会认为，如果需要对所听到的一切都表示怀疑，这个世界将变得多么不愉快。也正因为这一点，那些熟练的说谎者才显得比我们更有优势。然而，我们必须认识到，没有完美的或者可靠的识别说谎行为的指标。

那么，我们应该警惕什么呢？针对这个问题，人们已经进行了无数次的调查，但仍然没有找到答案。其一，不同的人在说谎时会露出不同的"马脚"，有些人可能会快速地眨眼，而另一些人则可能瞪大眼睛。其二，说谎的迹象也取决于谎言的类型：当人们阐述一个比较复杂的谎言时，经常会停顿更长的时间、说得更慢；但如果谎言属于比较简单的类型或经过高度润色的，那他们往往会语速更快。不太擅长说谎的人在说谎时，可能偶尔会表现出我们认为的那些不适症状，但总的来说，说谎者不太可能不自然地眨眼、动来动去或故作姿态。

总的来说，尽管我们的大脑内可能存在某种测谎仪，但我们的大脑并不擅长识别谎言。目前关于如何寻找谎言的蛛丝马迹有两个主要的思想流派：一个侧重于说谎者的面部，另一个则关注说谎者的叙述。然而，这些方法的有效性尚未得到证实。因此，我们仍需继续努力，寻找更可靠的识别谎言的方法。[1]

---

[1] [英] 伊恩·莱斯利：《说谎心理学：那些关于人类谎言的有趣思考》，张蔚译，中国人民大学出版社2022年版，第60页。

二、证据心理的构成[1]

意识的真正历史,开始于人们的第一个谎言。
——约瑟夫·布罗德斯基(Joseph Brodsky)

证据心理是诉讼心理中不可或缺的一部分,其主体范围和类型与诉讼心理的主体范围和类型保持一致。在涉及因证据问题而产生的心理反应和现象时,诉讼法律关系人,包括当事人、代理人、证人、鉴定师、法官和检察官,均可被视为证据心理的主体。

证据心理的结构或构成主要包括认知、态度和情感三个成分。

1. 证据心理中的认知成分

证据的收集与适用是以人们对证据的一定的认知为基础的。哪些是有用证据或无用证据?哪些证据具备了法定要件,或不具备法定要件?尽管诉讼法和实体法对法定证据规定了相应条件和范围,但在具体的诉讼实践中,当事人、代理人乃至法官常常因认识方法不同而对同样的证据有不同的认知结论。

在证据的认知过程中,思维方式是至关重要的。从客观性、关联性到合法性,这是证据认知的一般思维方式。客观性是指无论证据以什么为载体、以什么样的类型出现、存在于什么样的时空经纬上,它都是实实在在地存在和被人发现、收集的。关联性是指某一具体证据不是独自存在的,它要与其他的人或物相照应,在证明了人与物真实性的同时也证明着自己是客观存在的、与案件事实相联系的。间接证据、传来证据、言词证

---

[1] 徐伟、鲁千晓:《诉讼心理学》,人民法院出版社2002年版,第213—216页。

据等不仅要注重其出处，更要注重其与其他人证、物证、书证间的必然联系。合法性特征是证据收集和审查认定的最后要隘。对合法性的把握，主要从具体证据是否在载体、出处、范围、收集提举的程序和证据特定的形式等方面符合法律规定来进行的。

对证据的认知，实际上就是证据经验的重新展示。证据经验主要包括法律与法学知识、诉讼经验两个方面。在证据认知中对证据特性的把握是基础，而认知过程和思维方式也是至关重要的。当事人、代理人、法官等诉讼中的几个主要角色的证据思维方式是否正确、科学，对证据的判断和恰如其分的使用有着明显的影响。诉讼证据有时易于把握，有时则表现出特殊的复杂性。证据与证据、证据与全案事实的关系如何？是直接的还是间接的？是主要的还是次要的？这些问题的判断无一不是以思维方式表现出来的。

总之，对证据的认知过程是一个复杂的心理过程，需要当事人、代理人和法官等诉讼参与人具备一定的法律知识和诉讼经验，并按照一定的思维方式进行判断和决策。因此，提高证据认知的水平对于保证司法公正和提高司法效率都具有重要意义。

2. 证据心理中的态度成分

在证据心理学中，态度成分是指诉讼法律关系主体，包括证人、鉴定人对诉讼活动和法院审判的态度。不同诉讼角色、法律素质、道德伦理观念和文化层次的社会成员对证据及其活动的态度是不同的。在司法实践中，对待证据的态度问题反应最为复杂。当事人、代理人、证人、法官在诉讼活动中的证据心理和行为上的许多消极反应，来自其对其他诉讼法律关系人以及对法律制度、法院审判权威的不良态度。

从当事人和代理人方面来看,一些证据显然有利于依法保护自身合法权益,有利于公正审判,有利于提高诉讼效率和增强效果。然而,当事人不去积极收集和提举,证人依法负有作证义务,但又不如实为当事人作证或干脆拒绝作证,甚至法院依职权取证时仍消极应付,尽量逃避。而法官在采信证据时也或多或少掺杂着个人主观倾向,有时对证据不加认真审查核实,将本来合法有效的证据予以驳斥、否定。这些明显带有不良态度倾向的做法,严重阻碍了诉讼活动的规范化,导致部分诉案处理因证据不扎实而发生偏差。

涉及证据的行为大多属于诉讼行为,证据行为受态度影响是众所周知的。特别是在对抗、抵触比较突出的诉案中,诉讼角色(主体)对证据的取舍往往抛开法律规定和法学解释,毁证、匿证、伪证或执意将不具备证明力的证据看作主要证据、直接证据,用以申辩事实,牵强附会,从而掩盖事实真相,保护不合法利益。这种情况屡见不鲜。

在证据心理中,态度定势也表现为偏见。由于这一原因,有的人十分注重证据收集和提举者的社会角色和人品性格等因素,如,有的法官因与不同的当事人或证人存在某种不同的感情关系,对此人提交的物证、书证或证言投以较多的信任,却对彼人所提供的证据毫无法定理由加以怀疑甚至否定。换句话说,人们对某证据重视与否有时取决于对证据收集、提供者的信赖程度。

证据心理上的这种特点为我们探索、研究证据关系、证据活动,包括收集、提举、质证、认证规则提出了严格要求。正是现行制度存在许多缺陷才导致证据心理不良、证据行为失范。

3. 证据心理中的情感成分

在证据心理学中,情感成分是一个不容忽视的因素。它实际上反映了诉讼法律关系人之间的情感关系。证据的内容是丰富的，包括物证、书证、证言等。这些证据在对涉案事实和当事人请求、主张有证明作用的同时，还包含其他内容，例如，持证人与对方的感情关系，持证人自己的名誉、人格、私生活以及双方与案无涉的一些问题和事实。

在决定是否将该证据公之于众以及在何种情况下出示时，情感因素起着关键作用。这些问题的解决不仅涉及事实和法律的判断，还与情感有关。例如，某个当事人或证人向法庭出示某证，除了为诉讼公正提供可靠依据之外，还可能想揭露对方的某些不光彩行为，以宣泄自己不满的情绪。对于仇视对方的当事人和证人来说，将证据公之于众是一举多得。同样的道理，某人虽与对方对簿公堂，但仍保持着一定的情感关系，不愿意过分伤害对方，那么在证据对抗中对于某些虽有利于自己主张但会伤害对方的证据大概不会随意提供给法庭、出示给公众。

法官在审查证据、认定证据中也难免会掺入个人情感。在那些枉法裁判的人情案、关系案、金钱案中，情感因素的作用更为突出，而这些案件的情感因素大多表现在对证据的取舍问题上。此外，证人在作证中受到与当事人的情感关系影响也较为常见。在现代社会生活中，由于信息、交通、经济关系、社会协作的便利，人们的社会关系越来越近，在这种情况下，证人往往不能不顾及与他人的情感关系，不愿意轻易为履行作证义务而疏远与某当事人的感情往来。另外，市场经济和商品社会的人际关系大多是说近不近、说远不远的，证人与提出主张的当事人之间一般不存在良好的情感或亲情关系，在通过作证维护某当事人合法权益的问题上没有强烈的义务和责任感。匿证和伪证问题的出现，则往往是证人与当事人存在良好的或者是极端不良的情感关系的缘故。

总之，情感成分在证据心理中的作用不容忽视。它不仅反映了诉讼法律关系人之间的情感关系，还影响了证据的取舍、审查和认定，以及证人的作证行为。因此，在处理涉及情感成分的案件时，需要更加审慎和细致地考虑情感因素的作用和影响。

三、拒证、伪证与毁证心理

这无关道德，只为生存。

——乔治·斯坦纳（George Steiner）
《通天塔之后——语言与翻译面面观》

在民事和行政诉讼过程中，拒证、伪证和毁证现象并不罕见，尤其在民事诉讼中更为普遍。这些行为主要反映了证人心理和行为的消极性。然而，当事人和代理人也存在问题，他们的心理反应也是不可忽视的一部分。

1. 拒证心理[1]

拒证心理是指证人和当事人在涉及案件事实时拒绝提供证言或证据的心理状态。这种心理状态可能与多种因素有关，如对案件事实的看法、对举证责任的认识、对法律制裁的恐惧等。在学术研究中，拒证心理是一个重要的研究领域，因为它直接关系到司法公正和诉讼效率。

在实践中，证人和当事人拒绝提供证言或证据的原因是多种多样的。例如，证人可能会认为作证会耗费自己的时间和精力，或者担心作证会对自己造成经济上的损失或名誉上的损害。当事人可能会担心举证会导致对方记恨和报复，认为举证会给自己带来麻烦，或其本身就缺乏社会责任感。此外，当事人还可能会因为对法官的工作方式和态度不满而拒绝举证。

---

[1] 徐伟、鲁千晓：《诉讼心理学》，人民法院出版社2002年版，第227—230页。

对拒证心理的研究有助于我们更好地了解证人和当事人在诉讼中的行为和心理状态，从而为提高司法公正性和诉讼效率提供理论支持。例如，研究拒证心理可以帮助我们制定更加科学合理的法律规定和制度，减轻证人和当事人的负担和顾虑，提高其参与诉讼的积极性和主动性。此外，研究拒证心理还可以帮助我们改进法官的工作方式和态度，增强当事人的信任感和满意度，减少拒证现象的发生。

2. 伪证心理

伪证行为是所有不良诉讼行为中最为严重的行为之一，因为它可以严重扭曲事实真相，破坏法律程序的公正性和可信度。伪证行为主要是指当事人、代理人和证人等诉讼参与人有意地歪曲事实真相，制造或篡改涉案证据的行为。这些行为严重干扰了正常的诉讼秩序，损害了法律程序的公正性和可信度。

伪证行为的主体主要包括当事人、代理人、证人、鉴定人、审计单位等。伪证行为的动机一直是法学界探讨的重要问题。一般来说，伪证心理的产生主要包括以下三个原因。

一是利益驱动。许多证人和当事人在明知案件真相的情况下，由于经不住金钱和其他利益的诱惑，丧失了良知和对维护公正的责任感，向法庭提供不实之证，干扰了诉讼活动的正常进行。另外，一些当事人自己出具伪证主要是为了保护自己的不合法权利和利益。还有一些当事人实施伪证行为是为了证实案件真相，但这种行为的前提是在纠纷争议产生之初未能及时收集证据，或者虽然已经收集但在后来遗失或毁灭了。这种伪证虽然从动机上看合乎情理，但仍然被法律所禁止，因为如果允许这种行为，证据行为将失去有效约束，诉讼活动也会失去章法。

二是亵渎和戏弄法律心理。一些当事人和证人实施伪证行为并不是为了明显的利益或因为其他动机，而只是想扰乱正常的诉讼秩序，或者与利益追求并存，其目的在于亵渎、戏弄法律，使法律运行丧失应有的严肃性。

三是助恶动机。伪证者明知谁是谁非，但颠倒黑白，支持违法、悖德一方当事人的主张。这种助恶的伪证者通常与当事人之间存在某种特殊关系（如金钱收买、亲属关系等）。他们常常因为受到一方当事人地位、名誉和权力的影响，被迫或主动实施伪证行为。这种助恶的伪证者常常面临迫不得已的心理压力。

3. 毁证心理

毁灭证据是一种常见的诉讼防御行为，主要出现在某些案件类型中，如家庭婚姻案件、继承案件、损害赔偿案件等。这种行为通常是当事人或证人为了保护自身利益，避免承担实体法律责任，对自己易于收集掌握或已经在手的有利于查明案件事实的证据进行非法毁灭，如焚烧、永久性藏匿有关物证、书证和破坏现场等。

毁灭证据者通常具备接近证据的条件，时空位置较近，这为他们及时发现、收集和毁灭证据提供了便利。如果主张权利者毁灭有利于对方的证据，其目的是使对方在诉讼中败诉，顺利实现诉讼目的。而对纠纷负有义务的一方毁灭证据则是为了使对方的主张和请求无法落实，达到促使法院以证据不足驳回对方诉讼请求的目的。

在民事诉讼中，当事人需要主张和取得权利，同时推掉应负的义务。因此，他们会在纠纷争议过程中对一些对双方均有利的证据进行收集利用，甚至不惜进行毁灭。有些当事人甚至在诉讼开始后，利用诱骗手段从对方当事人手中取得不利于己方的证据，然后予以毁坏，使其无法支持主张。这种毁灭证据的动机带有极大的利己损人性质,严重破坏了法院依法保护实体正义和保证程序正当的原则。

为了防止毁证行为及其恶果发生,当事人在诉讼中或诉前可以申请证据保全,法院应依法予以保全和提取。此外,当事人在纠纷争议发生之初,对一些不宜亲自收集、保管的重要证据,还可以利用现代科学的音像和复制技术或其他方式加以收集保存。

4. 威格摩尔和证人心理学

威格摩尔,美国西北大学的教授和证据法权威,将证据研究划分为两个截然不同的领域:一般意义上的证明主要关注具有争议性和说服力的推理过程;而可采性原则则是独立于人为设计的程序规则之外的证明科学。威格摩尔受到德国心理学家雨果1908年《论证人席》一书的启发,主张将心理学家作为法庭专家来检验证人的可信性,以追求真相为目标。

在对雨果理论批判继承的基础上,威格摩尔运用心理学知识深入研究了证人作证的心理过程,并意识到除了不诚实,还有很多因素会影响证人的证言可信性。其在著作《司法证明原则》中详细探讨了增强或减弱证言可信性的因素、证言错误的范围和用于检测此类错误的方法。

威格摩尔概括了相关的心理学文献资料,发现种族、年龄、性别、精神状态、品性(撒谎的倾向)、性格、情绪及经验都是影响证言可信性的潜在因素。例如,关于记忆这一可信性品质,女性更倾向于将实际观察到的与想象或期望发生的混淆在一起;而在叙述能力方面,女性的口才更为伶俐,语气也更为肯定,但在公正和诚实方面则稍逊一筹。然而,威格摩尔对这些心理学研究成果持怀疑和谨慎的态度,认为"用于测量一个人对于具体事件的回忆能力之方法还没有发明出来"。[1]

四、当事人的谎言心理[2]

是蛇骗了我,我才吃了那苹果。

——夏娃(Eve)

在日常生活中,谎言几乎无处不在。当人们感到身体不适时,可能会对关心他们的人撒谎说:"我很好,谢谢关心。"当我们看到一个长相稍显怪异的新生儿时,我们可能会违心地说:"这孩子真好看。"又或者,当我们迫切地撕开精美的礼物包装盒,发现里面的礼物并不是期望的那样,仍然可能会假装兴奋和开心。很多时候,我们都会假装愤怒或悲伤,或者违心地说出"我爱你"这样的话。然而,这些谎言往往无伤大雅,就像我们常常对他人厨艺的夸赞一样,并非出于恶意。我们教导孩子们在收到奶奶的生日礼物时,要心怀感激并面带微笑。有时,我们甚至会进一步提醒他们,"如果不这样做,圣诞老人今年可能就不会来给小朋友送礼物了"。正如马克·吐温所言:"人人都会说谎,不分时间,不分场合,谎言会出现在人们的睡梦中、嬉笑声中,或者在哀悼之时。"[3]

在市场经济条件下,由于人际关系中存在相互竞争,人们往往会采取不正当的手段来维护自身利益。民事法律规定了当事人意思表示真实为一定法律关系成立、变更和解除的要件,一方面是为了保护合法权益,另一方面则是为了促使法律关系一方在撒谎导致意思表示不真实时承担相应的法律责任。在诉

---

[1] 张伟:《证言可信性研究》,法律出版社2022年版,第56页。
[2] 徐伟、鲁千晓:《诉讼心理学》,人民法院出版社2002年版,第102—105页。
[3] [英]伊恩·莱斯利:《说谎心理学:那些关于人类谎言的有趣思考》,张蔚译,中国人民大学出版社2022年版,第5页。

讼中，同样以意思表示真实为处理某些问题的前提，当事人有真实陈述的义务，如实陈述举证、质证、辩论过程中的诉讼言论是诉讼行为理性化的突出表现。然而，由于人性之恶和利益之争的驱动，人们在诉讼活动中常常掺杂着谎言，导致诉讼中的谎言屡见不鲜。当事人经常歪曲纠纷事实、夸大自身利益损失程度，要求对方承担"莫须有"的民事责任，向法庭提供不实之证，或证人拒绝作证等，都表现出谎言心理的特点。

为了实现案件处理的公正、合法，切实保护受不法侵害一方的合法权益，审判人员及有诚意解决矛盾的当事人需要通过调查、推理、判断等一系列活动来彻底揭穿和否定谎言。要做到这一点，首先需要了解诉讼中谎言产生和发展变化的特点。只有这样，我们才能更好地识别和应对诉讼中的谎言，保障司法的公正和权威。

1. 记忆的失真

在法律诉讼过程中，由于时间流逝、环境因素以及个人记忆的局限性，当事人和证人往往无法对案件事实进行清晰或完整的叙述。日本早稻田大学的心理学教授相场均指出，记忆不仅在数量上会有所减少，而且在质量上也会发生变化。也就是说，你记忆的内容可能与实际不符，这可以被理解为记忆的失真。普通心理学界认为，记忆减退和紊乱的原因是"衰退"和"干扰"。因此，记忆的失真在法律诉讼中与有意识的谎言不同，也与无意识的谎言不同，它是当事人或证人按照变形的记忆状态如实陈述的结果。虽然这种失真会对查明案件事实产生不利影响，甚至可能造成严重干扰，但它是大脑机能缺陷导致的。因此，遇到这种情况不能视为编造不实，让当事人"慢慢想"是唯一的方法。

2. 编造谎言

在法庭这一特殊环境中，涉案方往往会故意制造谎言，旨在误导办案人员，以利用法律手段保护其不当利益。在诉讼的各个阶段，尤其是开始阶段，存在编造谎言的可能性。涉案方提出虚假的请求，并对纠纷事实进行大量歪曲、夸张的描述，意图将"假"包装成"真"。

制造谎言具有一定的社会根源和普遍性，存在以下三种方式：一是省略，涉案方常常在陈述中忽略其对对方实施的违法行为或不道德行为，以及对方遭受损害的实际情况；二是夸张，即夸大对方行为的幅度、情节、性质以及自身受损的程度；三是颠倒，即将是非责任颠倒，将自身对对方的违法行为及其责任描述成对方的，并要求对方承担法律义务。其中，第一种、第二种方式较为常见。在提出虚假请求及其他不合理要求之后，涉案方会尝试用谎言来掩盖其虚假和不公，有意制造诉讼障碍，阻挠诉讼的依法进行和案件的公正处理。

3. 狡辩心理

在诉讼过程中，法庭质证和辩论是不可或缺的重要元素，它涵盖了质证和辩论两个关键环节，旨在揭示谎言、明确责任，并解决纠纷。在质证环节，当事人通过运用证据，揭露对方的谎言，争取法庭对自己提供证据的真实性的认可。这包括对对方的证据提出怀疑或提出反证，并进行必要的辩论，以确定证据的可靠性和效力，从而发现伪证和其他不实证据。

辩论环节中，当事人双方（包括第三人）就案件的事实定性、责任大小以及法律运用进行论述和辩解，以争取有利于自己的诉讼结果。这通常涉及维护自身利益，并经常引发毫无根据的狡辩。当当事人的谎言被揭穿后，其仍然顽固坚持的心理表现即所谓的"狡辩"心理。

在辩论过程中，当事人双方会针对对方的不实请求和陈述，运用事实和推理、分析的方式进行相互驳斥，以使自己的陈述成为定案的依据,从而使自己的主张和请求得到法律保护。辩论的结果通常是揭穿大多数谎言,澄清争议,并使不实的请求失去依据。

然而,一些当事人在辩论中的对抗性心理可能会演变为公开抵赖,并以狡辩的形式表现出来,这无疑会加深双方在解决实体问题上的对立情绪。而对另一些当事人来说,谎言被揭穿可能会促使其心理状态发生改变,从而使其诉讼心理向积极的一面发展,产生协调和和解的愿望。

4. 放弃谎言

谎言的存在反映了当事人之间因利益冲突而产生的对抗心理。但由于举证、质证、辩论、法庭认证、澄清是非的存在,案件得到了公正处理。撤诉就是当事人放弃谎言的突出表现。谎言对违法行为有着粉饰的作用,当这种作用失去其原有力度时,当事人就会放弃谎言而寻求公正解决的途径。当然也有当事人因此更加沮丧,进而加重对抗心理,做出报复或不接受法庭处理的行为。

在一个案件中,谎言的成分越少,其事实就越明了,责任越清楚,当事人之间就更易进行沟通,更有采取协调行为的余地。当事人丢掉谎言的外衣,使其在诉讼中的心理活动更加明显地表现出来,这有利于矛盾纠纷的公正处理。

五、测谎证据的心理学依据

作家天生就不能说真话,这也正是为什么我们称他们写的东西为小说。

——威廉·福克纳(William Faulkner)

测谎(polygraph),是指运用心理学、生理学、生物电子学以及实验心理技术等科学成果，以测试仪器记录被测试者各种生理、心理反映指标，对被测试者是否具有对违法犯罪事实或特定事件的心理痕迹进行鉴定与判断的一种活动。虽然测谎证据在某些司法体系中能够被接受，但在许多地方则不被认可。不过，无论在哪，测谎结果都应基于可靠的科学原理和心理学依据。[1]

1. 理论基础

第一，无意识谎言。根据心理学理论，人在无意识状态下更有可能说谎。当一个人试图在谎言中控制自己的语言和行为时，他们的身体可能会透露出一些无意识的微表情或微动作，这些可能会在测谎仪上反映出来。

第二，情绪反应。当一个人说谎时，他们可能会有一种内疚或焦虑的情绪。这种情绪反应可能会引发一系列生理反应，如心跳加速、呼吸急促、血压上升等，这些都可以被测谎仪记录下来。

第三，压力反应。说谎本身就会引发压力，特别是在面对可能的惩罚或罪行曝光的情况下。这种压力反应可能会表现为被试者在测谎过程中感受到的身体不适。

测谎仪事实上也是测真仪，不仅是一个记录生理反应的仪器，而且运用了心理学原理。通过了解被试者的无意识行为、情绪反应和压力反应，测谎专家可以更好地解读测谎结果，判断其是否在说谎。同时，对于被试者来说，测谎也是一种心理挑战，他们需要承受因说谎而产生的内疚和焦虑，以及可能被识破的压力。

---

[1] 武伯欣是中国人民公安大学教授，犯罪心理分析测试专家，在其配合警方所做的八百起案件的犯罪心理测试中，准确率高达98%。参见贾国勇：《测出的不仅是心跳——测谎专家武伯欣破案实录》，中国检察出版社2004年版，第2页。

虽然测谎证据在法律和司法领域的应用存在争议，但是它具有一定的心理学依据。通过了解心理学原理，我们可以更好地理解测谎证据的有效性和局限性，从而在实践中更准确地解读和使用它。接受测谎对于被试者来说是一种心理挑战，因此，在进行测谎时，应充分考虑被试者的心理状况，避免对他们的身心健康造成不必要的伤害。

在测谎过程中，个体脉搏和心率加快的现象可能暗示着内疚。如果由熟练的操作人员使用测谎仪，能获得较高的成功率。然而，测谎仪的有效性在很大程度上依赖于一个"谎言"，即测谎仪自身的绝对正确性。它的主要局限性在于缺乏可靠的、可信赖的生理指标来衡量说谎行为。许多无辜者在面对这种测试时会感到紧张，可能纯粹是出于对测谎过程的恐惧。

值得注意的是，测谎仪在欧洲并未得到广泛应用，而在其诞生地美国，测谎仪也并未达到法庭证据的一般可接受的科学标准。然而，这并未阻止它成为警察审讯中的有力工具。警方对科学并不特别感兴趣，他们只是希望通过向嫌疑人展示这种神奇的装置促使其招供。测谎仪已经悄然融入了20世纪美国生活的许多领域。在20世纪30年代和40年代，测谎仪被引入银行、工厂和政府部门，这些部门或机构都迫切希望对员工的诚实度和可靠性进行筛查。随着国家进入冷战时期，测谎仪甚至逐渐成为一种政治象征，因为它满足或似乎满足了对个人完整性和确定性的日益增长的需求。[1]

2. 为测谎意见正名：回应"新神意裁判"提法的冲击

有学者指出，对于测谎仪的测谎结果，"如果抱着轻信、盲从的态度，与对神灵的启示抱着同样的态度，最终发现的可能

---

[1] [英] 伊恩·莱斯利：《说谎心理学：那些关于人类谎言的有趣思考》，张蔚译，中国人民大学出版社2022年版，第92页。

会远离事实真相,从而为冤错案件埋下祸根。过分相信测谎仪与相信巫术并无二致"。然而,这种将测谎等同于新神意裁判的观点过于极端,混淆了测谎与神意裁判的原理,没有对二者之间的异质进行仔细地甄别。[1]

应当承认,对测谎结论可靠性的担忧构成了"测谎仪反对者"反对测谎仪最主要的理由之一。在美国,对测谎证据持批评意见者认为,测谎结果的可靠性和准确性值得商榷。例如,乔恩·R.华尔兹教授在《刑事证据大全》一书中指出,实际上,"即使有9%的准确率(在独立的基础上),错误结果标准(如被测人被错误诊断为说谎)也与说谎者的'实际'数量相符"。由此可见,测谎检查这项技术实际上是一个人机系统,测谎仪器只是系统的一个部分,如果没有人的正确运用、科学分析与判断,任何测谎仪都无法发挥作用。

现代科技的发展为测谎的准确性和可靠性提供了科学支持。现代测谎技术已不是"五感所及、语言所表",而是通过精密仪器记录被测试者的各种生理反应(如心跳、呼吸、血压、脑电波等)和心理反应(如紧张、焦虑、恐惧等),这些生理和心理反应数据构成了测谎结论的基础。此外,专业人员会运用科学的分析方法对这些数据进行分析,得出被测试者是否存在心理痕迹的判断。这种判断基于可靠的科学原理和广泛接受的科学方法,具有较高的准确性。

今天,新一代的测谎机器——大脑扫描技术——有望在传统测谎仪无法触及的领域取得突破。这些新技术提供了一种诱人的可能性,即我们有可能跨过谎言的表面迹象,直接解读支撑说谎行为的大脑神经元活动。长久以来,我们一直梦想着能

---

[1] 戴承欢:"再论测谎结论的证据价值与证据能力",载《太原科技大学学报》2010年第2期。

有一种技术穿透人类行为中混乱而令人困惑的不确定性，直接带我们到达真相的源头。最初，我们关注的是身体反应，这使测谎仪应运而生。但现在，我们更加倾向于在大脑中寻找真相。然而，真相并不一定存在于某个人的内心——它存在于外部世界中，只有通过收集证据并艰难地汇集多种观点后才能确定。

有学者认为，即使功能性磁共振成像测谎测试的结果不完全可靠，它们仍然应该在法庭上被采纳。毕竟，不可靠的证据，如品德、信誉、见证人的证词或一些间接证据，通常都会被律师作为辩护板块的一部分引入。虽然这些微不足道的证据对科学家来说不够好，但它是法律的一大部分。然而，另一种情况也可能发生，即功能性磁共振成像技术测谎测试的结果可能会被赋予比实际更高的可信度。在面对这样的证据时，裁判者可能会陷入"肯定有罪"的思维定式中。[1]

总之，随着心理学和相关技术的发展，我们对测谎证据的理解和应用也将不断进步。未来的研究可能会进一步揭示说谎的心理机制，从而为测谎技术的改进提供科学依据。对于测谎意见，既不能神话，也不宜一律排斥，在使用时应结合其他证据进行综合判断。

---

[1] [英] 伊恩·莱斯利：《说谎心理学：那些关于人类谎言的有趣思考》，张蔚译，中国人民大学出版社2022年版，第110页。

证据法的社会学分析

一、社会学的思维方式[1]

1. 从自然人到社会人：个体如何实现成长

"人之初，性本善；性相近，习相远"，《三字经》中的这句话揭示了人类成长的奥秘。人类并非天生具备动物般的本能，而是通过后天社会实践和劳动逐渐塑造了自身的知识、技能和行为方式。刚出生的婴儿要想生存并成为人类社会的一员，就必须与他人建立正常的互动关系，学习如何思考和行为。这一过程便是所谓的社会化。

社会化是指个体获得自身人格并学会参与社会或群体活动的社会互动。无论出生地和文化背景如何，儿童社会化的过程都遵循着大致相似的路径。婴儿通过与他人的互动和学习，逐渐实现了从动物本能到人类行为能力的转化。在童年时期，人们逐渐习得了社会所期待的行为模式、语言技能以及扮演各种角色的方式。即使成年后，社会化的过程仍在继续，个体不断学习新的社会技能并适应新的社会角色。

实际上，社会化贯穿了人的一生，从出生、童年、少年、青年到老年直至死亡，这是一个深入且持续的过程。通过不断的学习和适应，个体逐渐成为具有独立人格的社会成员，并为社会做出贡献。因此，社会化对于个体的成长和发展至关重要，

---

[1] 宿文渊编著：《社会学原来这么有趣有用：你不可不有的社会学思维》，中国华侨出版社2018年版，第1—50页。

它不仅塑造了人的行为和思维方式,还决定了人在社会中的角色和地位。

2. 社会学中的三大群体

在社会学领域,探讨群体以及人类是否生而平等的问题具有深远的理论和现实意义。社会群体可以依据不同的标准进行分类,主要可以分为三大类:地缘群体、血缘群体、业缘群体。

(1) 地缘群体

地缘群体是以地理位置为联结纽带,因共同生活和活动而形成的群体。这类群体包括邻里、同乡、民族社区等具体形式,其中邻里是最为典型的地缘群体。地缘群体的出现晚于血缘群体,其较为稳定和牢固的形态是人类采取定居形式后的产物。

邻里是地缘群体最典型的形式,"远亲不如近邻"这句智慧的话语也是人们在这样的生活基础上总结出来的。在古代农耕社会以及现在远离城市的偏远农村,乡亲们相互走动、亲近友善,邻里之间保持着一种淳朴友善的和谐关系,这是地缘群体最原始、最本质的关系。然而,在现代社会中,尽管人们的生活条件和环境发生了巨大变化,但与邻居建立良好的关系仍然是一种值得被珍视的行为。

在现代交际中,人们往往忽略了与邻居的互动。高楼的兴起似乎象征着现代化和文明的发展,但同时也阻碍了邻里之间建立亲密关系。一堵墙隔开了两家人,但不应该阻隔人与人之间的交流和互助,隔断彼此的温暖。在现代社会中,很多人住在楼房里,每天局限在自己的生活空间内,几乎没有与生活圈以外的人接触的机会。这种孤立和隔阂使人们逐渐失去了对邻居的了解和接触,也使人们的内心变得更加孤独。

尽管我们都承受着生活的压力,没有足够的安全感,不想让外界影响我们正常的生活,但我们不应忽视这群地理上与我们相近的人。如果我们用心去交往，对方也能够感受到真诚和善意，并给予我们相应的回应。尤其是邻里之间，见面的次数多，彼此之间的生活也可能相互影响。如果我们主动向对方示好，对方通常不会冷漠地回应。在日常生活中，我们应该多关注邻居的需求和感受，给予他们必要的帮助和支持。这样不仅可以建立更加亲密的关系，还可以在困难时互相帮助和支持。

（2）血缘群体

血缘群体是社会科学领域中的一种特殊社会群体，其形成基于成员之间的血统或生理联系，包括家庭、家族、氏族、部落等具体形式。血缘群体可被视为最古老的社会群体形态之一。血缘关系有亲疏远近，因此导致了情感厚薄、情分深浅的差异，"任人唯亲"和"任人唯贤"的争论在社会中一直存在。

"任人唯亲"的做法破坏了社会的公平公正原则，这种以个人利益为出发点的行为，是一种混淆公私、自私自利的表现。事实上，"任人唯亲"的主要动因是对个人私利的追求，通过利用公共权力来满足个人的私欲。

此处需要区分两个概念："私利"指的是个人利益，其追求有正当与否之分；而"自私"则是指不顾正当与否，不择手段地谋求个人私利。

"任人唯亲"的错误在于将人际关系领域的"亲疏有别"原则错误地应用到了公共领域，从而扭曲了选拔任用的公共目的，破坏了选拔任用的公共原则和程序。实际上，从社会组织的角度来说，选拔任用的目的在于更好地实现组织的公共目标，因此，"任人唯贤"无疑是最佳选择。尽管"贤"者的标准及其选拔较为困难，但总有公共的原则和程序可遵循。相比之下，"任人唯亲"的"亲"者并未经过公平、公正、公开的选拔，其才智、德行无法得到保障，往往导致"成事不足，败事有余"

的结果。

需要特别指出的是,任何社会组织都具有公共性,即使是代表广大人民群众利益的公共组织或民营企业也是如此(至少相对其组织成员而言)。在这个意义上,社会组织中的职位也具有公共性。因此,社会组织中人员的选拔任用本身就是公共事务,即便是领导对此有决定权,也是公共权力的代理(至少在某个层面、某个部分是如此)。所以,"任人唯亲"是以自私自利、人际情义来侵犯、取代公共权力,是对公共权力的对抗、掠夺,是对社会公义的破坏、践踏。

(3) 业缘群体

在我国的传统文化中,有句流传已久的老话:同行是冤家。那么,同行为什么会成为冤家呢?这是一个颇具深意的问题。既然是同行,就意味着他们活跃在同一个领域或行业中,而这个领域的资源是有限的,因此,你多得一点,他就少得一点;他多得一点,你就少得一点。这种资源分配的不均引发了竞争。人们常说,有竞争才会有进步、才能有发展,但这种竞争可以是良性的,也可以是恶性的。在现实生活中,恶性竞争似乎更为常见。

生活中的烦恼、嫉妒、不满甚至仇恨,很多是因"同行"而产生的。古人有云:"文人相轻。"实际上,不光文人相轻,武人也相轻。我们在武侠小说里经常看见所谓的大侠互相比武、杀戮,而他们为什么要互相比武、杀戮呢?多半是为了争武林盟主之位。盟主只有一个,而"武林高手"居多,所以比武、杀戮也就出现了。而"文武相轻"的例子却寥若星辰。

在社会学中,这种基于成员间劳动与职业间的联系而形成的群体(包括各种各样的社会经济组织、政治组织和文化艺术组织等具体形式)被称为"业缘群体"。这类群体的出现是生产力日益发展、社会分工越来越细、阶级社会逐渐产生的结果。业缘是人们在社会活动中结成的关系，业缘群体的形成与发展是与生产力的发展、社会分工的扩大相联系的。在现代社会中，人们的血缘关系和地缘关系已退居次要地位，而业缘关系则占据了主要地位。同行成为冤家的原因可以从多个方面来解释：①资源的有限性导致竞争加剧；②人们对于"盟主"地位的争夺；③社会分工的发展使得业缘群体逐渐占据主导地位。

总之，从学术角度来看，社会学中的群体研究对于理解人类社会的关系和互动具有重要意义。无论是在地缘、血缘、业缘群体还是其他形式的群体中，人们之间的相互关系和影响都是复杂而多样的。我们应该认识并重视这些关系，努力构建更加和谐、亲密的社交环境。

3. 职业与社会化：寻找自己的梦想

职业是成年人生活的舞台，每个个体，除非因不可抗力丧失劳动能力或主观意愿，都要参与社会分工，成为社会大机器的一个组成部分。从事特定职业不仅是谋生的手段，还是自我实现的需要。只有在职场中接受洗礼，个体才能在不断完善自我的过程中实现生命的价值。然而，个体的职业道路并非固定不变的，无论是初入职场时为找到合适的职业而不断尝试，还是从业多年后因新的契机对职业做出新的调整，所从事的职业都会随自身条件和外界环境的变化而做出相应的调整。

社会分工追求高效率，职业流动正是将每个个体社会化，放到最适合他、最能发挥他能力的位置上。职业流动，不论对个人还是整个社会，都是一个动态的调整过程，旨在寻求一种平衡，使每个人都能最大限度地实现个人价值。

职业流动通常指的是劳动者在不同职业之间的变动，是劳动者放弃旧的职业角色而又获得新的职业角色的过程。职业流动是社会流动形式之一。虽然职业流动不同于劳动者的区域流动和职务变动，但它们往往相伴发生。

4. 社会流动：人往高处走，水往低处流

在社会学领域，社会流动指的是个体或群体在社会阶级、阶层、职业等方面的变动。这一概念被视作社会结构自我调节的重要机制之一，也是个体一生中普遍存在的现象。

社会流动不仅在个人生活中具有重要意义，更在宏观的社会层面中扮演着关键角色。垂直流动，包括向上流动和向下流动，对于个体和社会都具有深远影响。向上流动通常被视为社会进步的标志，而向下流动则可能意味着社会倒退。这种流动的频率和方向能够反映社会的变迁趋势。

然而，社会流动的机会分布并不均匀。知识、才能和机会是决定个体能否向上流动的关键因素。对于整个社会而言，建立合理的流动渠道和公平的选优标准是至关重要的。这些渠道、标准和办法是在社会流动的实践中逐渐形成的，它们并非决策者主观设计的结果，而是社会选择的结果。

社会流动不仅会引起社会结构的变化，而且能够反映社会变迁的方向。因此，社会流动被视为社会变迁的指示器，是社会选择的一种途径。西方社会学对社会流动的研究主要关注在特定环境中哪些人具备更多向上流动的机会和条件。一个社会能够创造更多的向上流动机会，是社会充满活力的象征，也是社会进步的表现。

5. 交往频繁原则：为何你会喜欢那些喜欢你的人？

在社会心理学中，交往频繁原则是一个被广泛认可的现象。这一原则解释了为什么我们更倾向于喜欢那些对我们有好感的人，以及为什么我们对熟悉的面孔和事物抱有好感。事实上，对一个新鲜事物刺激的重复通常会迅速提高这种刺激的正面评价，这就是社会心理学上所说的"曝光效应"。

曝光效应是指人们对于其他人或事物的态度随着接触次数的增加变得积极的一种现象。例如，你和你的邻居从来没有说过话，但你对他的态度非常积极；歌曲或广告词越是重复，越有可能招人喜欢、为人接受。

那么，我们为什么会看到熟悉的面孔或事物就产生亲切感呢？这种亲切感并不取决于对方的外表或人品，而是源于我们与经常见到的人或离我们近的人的接触。例如，我们上学、上班的时间基本是固定的，如果经常在同一时刻出现在同一地点的话，总会有几个面熟的人。对这些面熟的人，即使没有说过话，我们也会有一种亲切感，就像对朋友、伙伴的感情一样。看到他们的身影，我们就会缓解慌乱的情绪。

我们对人产生好感甚至喜欢上别人，是出于什么原因呢？其实，上下学、上下班时，从不相识到面熟的这一过程，都会成为喜欢别人的契机。当我们被问到为什么会喜欢这个人，是什么魅力吸引了我们时，一般我们都会以这个人的相貌、人品为理由。但是，当我们不太了解一个人时，也可能会对他抱有好感。我们一般不会注意上下学、上下班时那些面熟的人的相貌和衣着，也看不出他们的行动中有什么醒目的特征，只是看着他们沉默站立的身影。但随着每天的重复，看到对方的次数增多，我们对对方的好感也会增强。

6. 保持适当的空间和距离：理解社会互动中的个人空间

社会学一直在探讨人与人之间的互动和距离对人际关系的影响。这些研究揭示了"距离产生美"的现象，以及适当的社会距离在维持和促进人际关系中的重要性。

社会学领域的研究表明，个人空间是理解人际关系的关键因素之一。爱德华·T. 霍尔提出的理论为人们如何理解和使用个人空间提供了重要的框架。根据霍尔的理论，个人空间包括亲密距离、个人距离、社交距离和公众距离四种基本类型，每种类型的距离都有其特定的活动和关系特征。

亲密距离通常用于非常亲密的互动，如拥抱和亲密接触。这种距离可以增强人们之间的情感联系，但过度的亲密可能被视为侵犯个人空间。

个人距离是人们进行非正式互动时的常见距离，如日常交谈和朋友聚会。在这个距离上，人们可以保持相对的舒适感，但过于接近可能会让人们感到不舒服或被侵犯。

社交距离则是在更正式的社交场合中使用的距离，如商务会议或正式晚宴。这种距离使人们能够保持适当的礼貌和尊重，但过于遥远的距离可能会让人感到冷漠或不友好。

公众距离是一种远距离，通常用于大型集会或公共活动。在这种距离上，人们无法进行个人互动或亲密接触，但可以通过观察和感知他人的行为和情绪来维持一定的联系。

人们选择特定的个人空间距离进行互动，这不仅反映了他们之间关系的性质，有时还会影响这种关系的发展。在朋友交往中，应保持适当的个人空间和距离，这样可以使友谊长久维持，同时也可以避免因过度依赖或侵犯个人空间而导致的冲突。

著名诗人雷抒雁的诗《星星》生动地描绘了人们对星星的想象和现实之间的差距。正如诗中所说："仰望星空的人，总以为星星就是宝石，晶莹、透亮，没有纤瑕。飞上星空的人知道，那儿有灰尘、石渣，和地球上一样复杂。"这则比喻也适用于人们对人际关系的理解和现实之间的感知。在社交活动中，人们往往期望彼此之间保持一定的距离和尊重，因为当他们近距离接触时，可能会发现彼此之间存在一些不完美的地方。"距离产生美"这个道理使人们能够在保持适当距离的情况下更好地欣赏和理解他人。

叔本华曾说过:"社交的起因在于人们生活的单调和空虚。社交的需要驱使他们来到一起,但各自具有的许多令人厌憎的品行又驱使他们分开。终于,他们找到了能彼此容忍的适当距离,那就是礼貌。"这段话深刻地揭示了人们在社交活动中对个人空间的渴望和对适当距离的需求。通过保持一定的距离并遵循适当的礼仪和规则,人们能够更好地维护彼此之间的关系并营造出和谐的社会氛围。

总之,保持适当的空间和距离在理解和处理人际关系中具有重要作用。通过理解个人空间的概念及其在不同情境下的应用,我们可以更好地理解人们在社交活动中的行为和需求。

7. 人格与交往:稳定性和差异性的交织

有句谚语说:"江山易改,本性难移。"这里的"本性"是指人格,它描述了一个人在与社会的交互中所形成的独特的行为模式、思维方式和情绪反应,同时也是区分个体差异的主要因素。人格涵盖了思维能力、认知能力、行为能力、情绪反应、人际关系、态度、信仰、道德、价值观等多个方面。虽然人格的形成与生物遗传因素有关,但更重要的是社会文化背景的影响。

人格是一个复杂的概念,由多个相互关联、相对稳定的特质组成,就像一个多面的立方体,每个面都代表着人格的一部分。这些面虽然相互独立,但具有持久性,也就是说,人格特质一旦形成,就会相对稳定,不会因一时的行为变化而改变。

然而,这并不意味着人格与行为是等同的。行为的变化可能只是表面的、由特定情境引发的,并不一定反映人格的深层改变。人格的改变则是比行为更深层次的、更持久的变化。因此,我们应该明确一点:人格改变与行为改变是有区别的。

在社会互动中，理解他人的人格特质并学会与之交往是至关重要的。每个人都有自己独特的性格和行为方式，这可能使我们在与他人交往时产生冲突或误解。那么，我们如何与不同性格的人相处呢？

首先，我们需要平等待人，不带有任何等级观念。其次，我们需要学会对对方感兴趣，了解他们的需求和喜好。再其次，我们需要具备宽容的心态，接受和理解他人的差异。最后，我们需要尊重并理解对方的行为和决策。

承认个体之间的差异性是社会互动中不可或缺的一部分。我们应该在尊重差异性的基础上学会适应不同的人带给我们的不同感受，并选择合适的互动策略与他们进行有效的交往。这个学习过程不仅可以帮助我们开阔视野、拓展社会行为能力，还可以帮助我们更好地理解和接纳他人，进而促进更深入的社会互动。

8. 道德的自觉与内化

在社会秩序的构建和维护中，道德约束发挥着至关重要的作用。在人类社会生活中，复杂的社交互动促成了道德规范的形成。然而，这些道德规范并非与生俱来的，而是在社会互动过程中，通过多角度考虑个人和群体的价值，才得以创造和发展的。同时，道德规范和人们的价值观也会随着社会的发展而不断变化。

人们在社会化的过程中会经历道德的形成、发展和变迁，这个过程也被称为道德社会化。从家庭生活开始，经过不同社会群体的强化，社会道德被转化为支配个体心理活动和行为的道德价值原则。这种内化的道德规范逐渐成为我们行为的内在驱动力。

道德内化是一个人社会化的核心内容之一。最初，社会道德规范是存在于个体之外的，道德内化是指个体接受外部道德并将其转化为自我一部分。当个体将外部的道德规范内化为自我良知时，我们可以认为个体的道德发展已经到达了相对成熟的阶段。

人的道德发展和完善从实质上来说是一个社会化的过程，而这一过程并非自然成熟，而是教育的结果。在人的社会化过程中，个体道德社会化可以划分为三个阶段：儿童期、青少年时期以及成人期。道德社会化的最根本目标是将社会道德规范内化为每个人的内心行为方式和原则。换句话说，道德内化旨在将社会道德转化为个体的一种"本能"行为。

9. 社会舆论对个人行为产生显著影响

在探讨个体的行为模式时，我们不能忽视社会舆论的重要性。社会舆论本质上是一种群体意识的表现，通常以公开评价的形式，对公共问题或事件表达支持或反对、赞扬或谴责。

社会舆论可以源自公众的自发反应，也可以由媒体和其他社会机构通过有意识的引导来形成。这两种来源实际上是相互转化的：一方面，公众意见可能首先在民众中自发产生，然后通过相关渠道进行传播；另一方面，相关机构也可以首先提出意见，然后在公众中传播。

社会舆论与个人意见是不同的。积极的社会舆论能对个人、社会团体和政府产生以下几种作用。

第一，控制作用。积极的社会舆论能对个人、社会团体和政府产生一定的制约与监督作用。一旦舆论形成，它往往会对人们关于某一事件或问题的言论和行为产生一种无形的约束力。

第二，指导作用。舆论是公众的意见，它对个人产生一种心理上的压力，从而指导个人的言论和行为，使个人的言行与舆论所代表的公众意见保持一致。

第三,协调作用。经过集体酝酿后形成的舆论,作为一种超越一般利害关系的公正力量,有助于增强人们的团结意识,纠正错误的意见。

然而,社会舆论也有消极作用。

第一,如果舆论建立在错误的认识上,一旦舆论形成,可能会造成大多数人的错误,从而影响正常的社会行为。

第二,由于舆论具有强大的社会影响力,它可能会被用来压制或扭曲正义的声音。

第三,不健康的社会舆论可能产生消极的控制、指导和协调作用,使人们的行为朝着错误的方向发展,严重时甚至可能影响社会秩序。

以下是一些建议,以帮助改进社会舆论的负面影响。

第一,提高公众的媒体素养。教育公众如何识别和评估媒体报道的真实性和准确性,并鼓励他们批判性地思考媒体内容。

第二,加强媒体的自我监管。鼓励媒体机构采取更加负责任的报道方式,通过制定和执行严格的编辑政策和准则来减少不准确和有害的报道。

第三,促进多元和平衡的报道。鼓励媒体提供多元的观点和信息来源,以保证公众对问题的全面了解。

第四,加强法律监管。通过制定和执行相关法律法规,确保媒体遵守公共利益原则,防止其滥用社会舆论的影响力。

第五,促进公众参与和对话。建立开放和包容的公共讨论平台,鼓励公众积极参与社会议题的讨论,并促进不同观点之间的对话和交流。

第六,建立独立的监察机制。设立独立的媒体监察机构,负责监测和评估媒体的报道质量和社会影响。

第七,增强社会组织和团体的作用。支持和鼓励社会组织和个人积极参与到社会议题的讨论和解决中来，以形成更加公正和平衡的社会舆论环境。

10. 集体无意识：少数无需服从多数

集体无意识是人类普遍性精神的心理最深层积淀，由遗传保留的无数同类型经验所形成。这种无意识包含两个层面：个体的和非个体的。个体的无意识只到达婴儿最早记忆的程度，由冲动、愿望、模糊知觉以及经验组成。而非个体的无意识则包括婴儿实际开始记忆以前的全部时间，即包括祖先生命的残留，它的内容能在所有人心中找到，带有普遍性。

弗洛伊德揭示了人类的精神结构，认为人的精神生活包含意识和无意识两个主要部分。意识部分相对不重要，只代表人格的外表方面，而无意识部分则包含隐藏的种种力量，这些力量是在人类行为背后的内力。他将人的精神生活比作一座冰山，露出水面的部分代表意识，而水面下的部分则代表无意识。

个人无意识和集体无意识可以比喻为露出水面的岛屿和被潮汐运动掩盖的水下陆地。岛屿代表个体意识的觉醒部分，而水下陆地则代表个体的无意识。所有岛屿最终以海床为基地，这正是集体无意识的形象表述。集体无意识是一种代代相传的无数同类经验在某一种族全体成员心理上的沉淀物，其支柱正是相应的社会结构。

"集体无意识"是一种典型的群体心理现象，其无处不在并深刻地影响着我们的社会、思想和行为。为防止其对我们的行为产生消极影响，我们需要多方面收集信息，作出有比较的判断，并学会冷静分析，给自己一个缓冲时间。只有实现价值中立和冷静判断，我们才能最大程度地降低集体无意识的消极影响。

11. 人类行为：基因与环境的交织

人类行为是一个既复杂又引人入胜的领域，吸引了众多学科，包括心理学和生物学，进行深入研究。对于人类行为的原因及其决定因素，人们一直没有明确的共识。对于人类行为的看法则基本上分为两种观点：环境决定论和基因决定论。

环境决定论认为，人类的行为是后天环境影响的结果。相反，基因决定论主张，人类行为的基本方式在出生时就已经被决定，后天的环境影响只是将其激发出来。这两种观点都有其依据，也都无法证明对方的错误。而我们对于人类行为的理解，正是在这两种观点的交锋中不断向前发展的。

然而，无论是环境决定论还是基因决定论，都缺乏对一个人自由意志的关注。自由意志不仅是一个深刻的哲学问题，同样也是我们每个人在社会生活中时刻面对的问题。自由意志，即每个人为自己做决定的能力。我们反对基因决定论在很大程度上是因为害怕它会剥夺这种能力，但环境决定论并不一定能让人获得这种能力。

遗传学告诉我们，单基因决定某种性状的情况较为少见，尤其是行为、性格等复杂的性状，其控制基因更是名目繁多，而且这些基因还相互牵制，有些基因的启动还要受到后天环境的制约。遗传学的这种情况就是一种混沌现象。混沌学告诉我们，一个复杂的系统对初始条件高度敏感，这种敏感导致系统未来行为的不可预测。

在理解自由意志的过程中，我们可能会引用苏格拉底的名言："认识你自己。"以及中国古人的智慧："江山易改，本性难移。"这些都是站在哲学的高度来看待自由意志的。而我们要做的就是重视自己的天性，利用周围的环境发展自己的天性，使先天的能力与后天的学习结合起来，成就我们每一个人的美好人生。

12. 角色冲突

角色冲突是社会学领域的一个重要概念。在社会互动中，个体通常扮演着不同的角色。当一个人在扮演一个或多个角色时，可能会因无法适当地平衡或协调不同角色之间的期望和要求而发生冲突。这种冲突可以表现为两种形式：角色间冲突和角色内冲突。

角色间冲突是指个体在不同角色之间面临的冲突。例如，当一个人在工作和家庭之间无法平衡时间或责任时，就会发生角色间冲突。而角色内冲突则是指同一角色内产生的冲突。例如，一个人在工作中，可能会因难以同时满足领导和下属的需求而感到矛盾。

人们在生活中扮演的角色多种多样，例如，在家庭中作为子女、夫妻、父母等角色，在社会中作为朋友、同事、领导等角色。这些角色要求个体履行不同的责任和义务，并且可能会产生相互矛盾的期望和要求。

当出现角色冲突时，个体可能会感到焦虑、不安或犹豫不决。为了解决这些问题，人们需要保持冷静，并采取适当的策略来处理这些复杂的局面，这可能包括与他人沟通、寻求支持、调整自己的行为或重新评估自己的角色和责任。通过妥善处理角色冲突，人们可以建立良好的人际关系并提高生活质量。

二、证据法的社会学分析

> 毫无疑问，纠纷解决程序中会体现出社会最基本的价值观。
> ——杰罗德·S. 奥尔巴克（Jerold S. Auerbach）
> 《没有法律的公正？》

1. 证据法的社会学视角

证据法的存在并非独立于社会、文化、历史和政治等因素，其受到社会结构和功能的影响，与社会互动并影响社会。

(1) 证据法与社会结构

证据法在社会结构中扮演着重要的角色。一方面,证据法通过确立和解释证据规则,维护了社会秩序和公正;另一方面,证据法也反映了社会结构的特点和需求。例如,不同社会背景下的证据种类和证明标准可能有所不同,这体现了社会结构对证据法的影响。

(2) 证据法与社会功能

证据法具有多种社会功能。首先,证据法通过确定证据规则,保障了司法公正和公平;其次,证据法通过规定证据的收集、审查和判断,帮助解决了社会冲突和纠纷;最后,证据法通过教育和引导公众,增强了公众的法律意识和社会责任感。

(3) 证据法与社会环境

证据法与社会环境密切相关。一方面,证据法的实施需要依赖一定的社会环境,如法律制度、司法体系和社会公众等;另一方面,证据法也反映了社会环境的特点和需求,如经济发展的需要、文化传统的传承等。

(4) 证据法与公众参与

公众参与是证据法实施的重要环节。公众通过参与证据的收集、审查和判断,保障了司法的公开、公正和透明。同时,公众也可以通过了解证据法的内容和实施过程,增强法律意识和法治观念。

作为法学领域的重要组成部分,证据法不仅涉及事实认定和司法公正,还反映了社会的结构和功能。从社会学的角度来看,证据法与社会环境密切相关,它是社会结构的一部分,同时也具有多种社会功能。随着社会的不断发展和变化,证据法也需要不断适应和调整,以更好地服务于社会。今后要:

第一，完善证据规则。为了更好地适应社会的需求和发展，我们需要进一步完善证据规则。这包括对现有规则的修订和完善，以及对新规则的制定和创新。同时，我们还需要加强对证据规则的理论研究和实证研究以提高证据规则的科学性和可操作性。

第二，加强公众教育。公众是证据法实施的重要参与者。因此，我们需要加强对公众的法律教育和法治宣传，通过学校教育、社区活动、媒体宣传等多种方式提高公众的法律意识和法治观念，从而增强公众参与证据法的积极性和能力。

第三，深化司法体制改革。司法体制是证据法实施的重要保障。因此，我们需要进一步深化司法体制改革，加强对司法权的监督和制约，提高司法的公正性和公信力。同时我们还需要加强对司法工作人员的培训和教育，提高他们的专业素养和职业道德。

2. 西方的接近正义运动[1]

在西方，接近正义运动是一场颇受瞩目的社会运动，旨在推动纠纷解决方式的变革。过去三十多年来，法学家马克·加兰特对以法院为中心的正义实现途径提出了怀疑，引发了广泛关注。他提出的问题包括：我们期望人们从哪里获得正义？正义从何而来？谁享有分配正义的权力？

以法院为中心的纠纷解决方式虽然简单粗暴且颇有效用，但可能并不是对接近正义的正确理解。因为这种方式将所有纠纷不加区分地推到法院，可能会导致法院规模扩大并下设很多救济部门来满足当事人的需求。当法院与案件无法匹配时，这

---

[1] [美]尹森·凯什、[以色列]奥娜·拉比诺维奇·艾尼：《数字正义——当纠纷解决遇见互联网科技》，赵蕾、赵精武、曹建峰译，法律出版社2019年版，第253页。

些案件可能会影响法院的性质；当法院提供不同程序识别和汇总不同纠纷的时候，甚至会改变当事人的性质。

接近正义意味着挑战法院的原有设计程序，这是令人钦佩的。这也解释了为什么接近正义广受好评，因为它将法院设计成为更加符合纠纷性质和当事人需求的场所，确保当事人享有更加广泛的诉权。然而，以法院为中心的纠纷解决方式仍存在局限性。

接近正义的重点在于降低低收入者的诉讼成本，为那些没有钱到法院打官司的人提供平等的救济机会。这一观点以法院中心论为基础，但那些主张使用调解和仲裁的人则努力扩展纠纷解决的适用范围，来克服以法院为中心理论的内在局限性。然而，即使是这些具有非正式性、灵活性、非对抗性的纠纷程序也会面临障碍与挑战。例如，这些解决程序需要靠当事人投入时间、金钱和精力，需要原告积极推动才能实现。

在线纠纷解决的目标是设计纠纷解决的新型程序和体系，这些新型程序既可以在法院内使用，也可以在法院外使用。这不仅可以扫除一部分传统的纠纷解决障碍，而且可以起到预防纠纷的作用，还能将纠纷解决机构与纠纷预防机构联系起来。这种新型的纠纷解决方式可以更好地满足当事人的需求，推动社会的公正与和谐。

"接近正义运动"经历了三个阶段。第一阶段重点在于克服经济障碍，为当事人提供法律援助和律师。例如，通过建立灵活、非正式的小额诉讼法庭或为当事人提供更多法律服务等方式，降低当事人的诉讼成本。第二阶段开始于20世纪70年代，将焦点从保护贫困当事人诉权扩展到不同层面的问题上，如环境保护纠纷和消费者诉讼，通过公益诉讼和集团诉讼等方式增强弱势群体的诉讼能力。第三阶段是替代性纠纷解决机制的发展以及简化法院程序的尝试,如放缓诉讼进程、聘用非法律人士担任法官以及在法院采用调解作为替代性纠纷解决方式。这是接近正义运动的第三次浪潮,推动了替代性纠纷解决机制的发展,也带来了简化法院程序的各种尝试。

然而,随着信息技术和互联网通信使用范围不断扩大,纠纷的数量、特点以及范围也发生了变化,这从不同角度对实现正义提出了挑战。一方面,技术的发展使纠纷的数量大幅增长,造成了法院和替代性纠纷解决机制(Alternative Dispute Resolution, ADR)的供应不足,从而加剧了接近正义过程存在的问题。同时,在线纠纷解决平台通过算法和大数据推动纠纷的解决,这使人们开始担忧处理结果的质量和公平性。此外,在替代性纠纷解决机制这个纠纷解决系统中,各参与方需要同意他们可能尚未理解甚至没有注意到的合同条款。这些因素实际上阻碍了正义的实现。

另一方面,互联网有助于发展灵活、方便、廉价以及快速的纠纷解决和预防程序,无须采用面对面的形式就能解决纠纷,而且这些新的在线系统能够处理的纠纷数量超乎我们的想象。与过去相比,现在有更多机会对在线纠纷解决实行质量管理和实时监控。算法的应用不仅增强了纠纷处理能力,降低了解决纠纷的成本,而且在很大程度上提高了纠纷解决的自动化程度,也为更加接近正义奠定了现实基础。但是,我们必须记住,将算法和大数据引入争议解决领域并非单向的,也不是只会朝着积极方向发展的。随着民事纠纷解决平台的扩大,算法的复杂性和不透明度也在增加,这也逐渐形成对接近正义传统观念的新障碍与新挑战。

3. 夫妻作证特权的社会学分析

与夫妻有关的作证特权一般有两种形式:夫妻作证豁免特

权以及婚内秘密交流特免权。夫妻作证豁免特权是指，在刑事案件中，当一方配偶是刑事被告人时，另一方配偶不得就不利于被告人的有关案件事实作证。这只适用于刑事案件，而不适用于民事等案件。夫妻婚内秘密交流特免权是指，无论在刑事案件中还是在民事案件中，当要求披露夫妻双方在夫妻关系存续期间秘密交流的信息时，夫妻任何一方都有权拒绝披露或者禁止另一方披露这些信息。一般而言，丈夫和妻子间的私人交流被假定为秘密信息。如果夫妻特别强调所交流的信息不希望被外人知道，这些信息显然就是秘密信息。而为了不致发生尴尬等，夫妻双方交流的信息显然应当被理解为是不希望别人知道的信息。当然，夫妻作证豁免特权不适用于因为针对另一方配偶的犯罪行为或者侵权行为而提起的诉讼。同时这种特权也不适用于因为针对夫妻任何一方未成年子女的犯罪行为或者侵权行为提起的诉讼。

我国尚未完全确立上述的夫妻作证豁免特权和婚内秘密交流特免权，只是在《中华人民共和国刑事诉讼法》第193条第1款规定："经人民法院通知，证人没有正当理由不出庭作证的，人民法院可以强制其到庭，但是被告人的配偶、父母、子女除外。"

（1）关于夫妻作证豁免特权

夫妻作证豁免特权建立在夫妻间的信任以及家庭关系的基础上。从社会学角度来看，夫妻间的信任是维系家庭关系的重要基石。若夫妻中的一方被迫在法庭上为对方当事人的利益作证，可能会破坏夫妻间的信任，进而影响到家庭关系的稳定性。因此，赋予夫妻作证豁免特权可以保护夫妻间的信任以及家庭关系，有助于维护社会的稳定与和谐。

然而，夫妻作证豁免特权在实践中也存在一些问题。

其一，这项特权可能会导致司法不公。在某些情况下，夫妻中的一方可能会利用豁免特权隐瞒或篡改证据，从而影响案件的公正审理。其二，这项特权可能会损害公众利益。例如，在某些涉及公共利益的案件中，夫妻作证豁免特权可能会阻碍调查和起诉犯罪行为。

为解决上述问题，一些学者提出了改革建议。其一，应对夫妻作证豁免特权进行限制。例如，在一些涉及重大公共利益的案件中，可以要求夫妻中的一方在特定情况下必须为对方当事人的利益作证。其二，应建立相关的保障机制，以防止夫妻中的一方利用豁免特权进行不当行为。例如，可以建立相关的审查机制，对涉及夫妻作证的案件进行严格审查，确保案件的公正审理。

（2）关于夫妻婚内秘密交流的特免权

该特权指的是在婚姻关系中，夫妻之间对于涉及双方私人生活和情感交流的内容，享有不被公开的权利。此项权利在多数法律体系中都有所体现，是保障夫妻隐私和家庭关系和谐稳定的重要法律手段。

首先，夫妻婚内秘密交流特免权的产生。

夫妻婚内秘密交流特免权的产生与现代社会中家庭角色的转变及夫妻关系的演变密切相关。在传统社会中，家庭作为社会的基本单元，承载了诸多社会功能，如生育、经济合作、情感支持等。在这种背景下，夫妻之间的关系更多地被视为一种经济和情感的联盟，而非单纯的法律关系。因此，给予夫妻之间一定的隐私空间，以保护他们的私人生活和情感交流，是维护家庭关系稳定及夫妻之间信任的重要条件。

然而，随着社会的发展和家庭关系的变迁，夫妻之间的关系逐渐从传统的经济和情感联盟转变为更为平等和独立的法律关系。这种转变使得夫妻之间的权利和义务更加明晰，但同时也引发了对夫妻隐私权的保护需求。因此，夫妻婚内秘密交流特免权在许多国家的法律体系中得到了确认和保护。

其次，夫妻婚内秘密交流特免权对社会的影响。

夫妻婚内秘密交流特免权对社会的影响主要体现在以下几个方面。

第一，增进夫妻间的信任和理解。夫妻婚内秘密交流特免权鼓励夫妻间自由分享感受和情感，从而增强了夫妻间的信任和理解，有助于维护家庭关系的稳定。

第二，促进心理健康。隐私权的保护可以减轻夫妻间的压力和焦虑感，避免因情感问题而产生心理困扰。同时，夫妻间的信任和理解也有助于促进彼此的心理健康。

第三，保护个人权利。夫妻婚内秘密交流特免权是保护个人权利的重要法律手段之一。它确保了夫妻间不会因为私人生活和情感交流的内容被公开而侵犯其个人权利。

第四，推动社会信任建设。当人们相信自己的隐私权在家庭关系中能得到保护时，他们更有可能建立起健康、稳定、互信的家庭关系，进而促进社会的和谐稳定。

最后，夫妻婚内秘密交流特免权面临的挑战。

尽管夫妻婚内秘密交流特免权在法律体系中得到了确认和保护，但它仍然面临着一些挑战。

第一，法律规定与实际操作的矛盾。在一些情况下，夫妻婚内秘密交流特免权的法律规定与实际操作之间可能存在矛盾。例如，当夫妻间的隐私交流涉及第三方利益时，如何平衡各方的权益可能成为一个难题。此外，当夫妻间的隐私权与其他权利（如儿童抚养权、刑事调查权等）发生冲突时，如何进行权衡也是一个复杂的问题。

第二，滥用情况的出现。虽然夫妻婚内秘密交流特免权是保护夫妻隐私权的重要法律手段，但也可能出现滥用的情况。例如，一些夫妻可能会利用这一特免权来隐瞒自己的不当行为或逃避法律责任。因此，如何在保护夫妻隐私权的同时防止滥用情况的出现是一个需要解决的问题。

第三，对新型家庭形式的适应性。随着社会的多元化和家庭形式的多样化，传统的夫妻关系已经不再是唯一的家庭形式。例如，同性伴侣、单亲家庭等新型家庭形式对于夫妻婚内秘密交流特免权的适用性提出了新的挑战。如何在保证夫妻隐私权的同时适应这些新型家庭形式是一个需要探讨的问题。

总的来说，夫妻婚内秘密交流特免权是保护夫妻隐私权的重要法律手段，对于增进夫妻间的信任和理解、促进心理健康、保护个人权利以及推动社会信任建设具有重要意义。我们需要进一步完善法律规定和实践操作，适应社会发展的需要，以保障夫妻婚内秘密交流特免权的正确行使。

4. 医生和患者作证特免权的社会学分析

医生和患者作证特免权是指，患者有权拒绝或者禁止他人披露其在寻求医疗诊断或者治疗的过程中对医生所作的与疾病或者伤害有关的秘密陈述。

美国有许多州都通过成文法规定了"医生—患者"特免权，但不同的州就这种特免权适用的范围以及适用的主体又有不同的规定。有的州只允许在民事诉讼中引用这一特免权；有的州允许在民事诉讼和刑事诉讼中同时引用这一特免权；有的州只允许这一特免权保护患者对执业医生所作的陈述；而有的州规定这种特免权不仅适用于执业医生，还适用于护士、牙科医生、心理健康社会工作人员等。

规定"医生—患者"特免权主要是为了鼓励患者向医生充

分披露诊断或者治疗疾病的有关信息。同时，也是为了保护患者的隐私。在医疗领域，医生和患者之间往往涉及高度敏感的信息交流。为了保护患者的隐私权和医生的可信度，许多国家都设立了医生和患者作证特免权（Physician-Patient Testimony Privilege）。这一特免权在法律上限制了医生和患者之间的信息交流被用作证据的可能性，以保证医生不会被迫披露可能对患者造成伤害的信息，同时也有助于维护医患关系的信任基础。

医生和患者作证特免权的要求主要有以下几点。[1]

第一，"医生—患者"特免权的持有人。

患者是"医生—患者"特免权的持有人。也就是当对方当事人要求披露有关信息时，患者有权拒绝披露相关的信息。同时，患者也有权禁止他人，如医生，披露其相关信息。

第二，信息的秘密性。

只有当某种陈述是在秘密状态下作出的，这种信息才具有保密性。但是，在以下两种情况中，即便在作有关陈述时有他人在场，这种陈述的保密性也不会因为他人在场而被破坏：①有患者的家庭成员或者其他人在场为患者提供帮助或者帮助患者与医生进行沟通；②有其他医务人员，如其他医生或者护士等在场协助医生进行诊断和治疗等。

第三，受保护的信息。

受"医生—患者"特免权保护的信息必须是与诊断或者治疗有关的信息。其他非医疗信息，如患者对医生就交通事故等所作的描述等，不在"医生—患者"特免权的保护范围之内。这就是说，医生可以就患者所作的与诊断或者治疗无关的描述作证。

同时，医生也可以就他在诊断或者治疗过程中所观察到的

---

[1] 高忠智：《美国证据法新解：相关性证据及其排除规则》，法律出版社2004年版，第136—140页。

事实作证，如患者接受治疗的日期、患者的穿着打扮或者医疗费用等。

例如，D在抢劫一家饭店时被经营饭店的V开枪打伤左下臂。D逃离现场并隐藏几天后找到医生P治疗伤口。治疗过程中，P问D是因为什么受伤。D如实地向P讲述了受伤经过。不久，D被警察逮捕，后检察院起诉。检察院要求传唤P对D受伤的原因作证。D的律师L引用"医生—患者"特免权反对。

本案中，由于D关于受伤原因的陈述与诊断或者治疗没有关系，因此，不在"医生—患者"特免权的保护范围内。L的反对无效。

第四，以诊断和治疗疾病为目的。

引用"医生—患者"特免权，患者就医的目的必须是诊断和治疗疾病。

例如，P申请从S保险公司购买巨额人寿保险。根据S公司的规定，P只有经过一定条件的身体检查，才能够被批准购买这种保险。P因此找S公司指定的医生E做体检。在体检的过程中，P对E讲，前一段时间，自己的头经常疼痛，但现在好了。体检一个星期以后，P在过马路时被D开车撞伤。P因此起诉D。

P声称车祸导致自己头痛。在庭审过程中，D的律师要求传唤E出庭就D曾经对他讲过的话作证。P的律师L引用"医生—患者"特免权反对E出庭作证。

本案中，由于P要求E做身体检查并不是以诊断和治疗为目的，因此L的反对无效。

第五，例外情况。

有些例外情况并不在"医生—患者"特免权的保护范围之内。同时，即便属于"医生—患者"特免权保护的对象，患者也可能放弃或者被视为已经放弃了这一特免权。

其一，患者将自己的身体状况置于争议之中。也就是说，患者的身体状况是诉讼请求或者抗辩理由的构成要件。

其二，医生与患者发生争议。医生与患者有时会因为一些事由发生争议，例如，患者因为医疗事故而起诉医生，或者医生因为患者拒绝支付医疗费用而起诉患者。在这种情况下，患者不能够再引用"医生—患者"特免权。

其三，医生以提供医疗服务的方式协助患者从事犯罪以及其他不适当的行为，如协助患者从事侵权行为，或者帮助患者在实施犯罪行为后逃避侦查等。这时，患者不再享有"医生—患者"特免权，医生必须出庭就有关秘密陈述作证。

其四，以合同方式预先同意患者在将来的诉讼中不得引用"医生—患者"特免权。这种情况多见于购买人寿保险时。

其五，法庭命令的身体检查等。法庭为了诉讼而命令的身体检查不在"医生—患者"特免权保护的范围之内。

总之，从社会学的角度来看，医生和患者作证特免权不仅是法律问题，也是一个涉及社会信任、道德规范和医生角色的复杂议题。这一特免权在维护医患关系信任基础的同时，也反映了社会对医生的高度信任和期望。作证特免权保障了医生的隐私权和患者的权益，有助于维护医患关系的和谐与稳定，提高医疗服务的责任性和患者的满意度。

第一，医生角色的社会信任。医生作为社会中的专业知识和技能拥有者，其被赋予了极高的社会信任。这种信任来源于医生所接受的严格教育和专业训练，以及他们对患者健康和生命的责任。然而，如果医生被迫披露与患者之间的敏感信息，这种信任可能会受到破坏。

第二，作证特免权对社会信任的影响。医生和患者作证特免权在保护患者隐私和医生信任的同时，也间接地维护了社会信任。如果医生不必担心他们的谈话会被用作证据，他们就更愿意与患者进行深入交流，提供更详细的治疗建议。这种深入的交流和信任关系的建立，可以提高医生的责任感和患者的满意度，进一步增强社会对医生的信任。

第三，医疗行业的道德规范。医疗行业本身具有一套严格的道德规范，其中最重要的是保护患者的权益。医生有义务为患者提供最优质的医疗服务，同时保护患者的隐私和权益不受侵犯。作证特免权在法律上保障了医生履行这一道德义务的可能性。

第四，社会对医生的期望与压力。社会对医生的期望和压力越来越高，这可能导致医生在面对法律询问时面临道德困境。如果医生被迫披露敏感信息，他们就不得不在保护患者隐私和满足法律要求之间做出选择。作证特免权通过为医生提供法律保护，帮助他们缓解这种道德压力，使他们能够更专注于为患者提供医疗服务。

5. 律师和委托人作证特免权的社会学分析

"律师—委托人"作证特免权是指委托人（或者委托人的代表）在向律师（或者律师的代表）进行法律咨询的过程中，与律师之间所作的秘密陈述或者信息交流等享有不被披露的特权。委托人有权拒绝，也有权拒绝他人披露这些秘密陈述或者秘密交流的信息。

绝大部分国家和地区都承认"律师—委托人"的作证特免权。之所以这样规定，主要是为了使委托人在法律咨询过程中能够充分披露案件信息，以便律师能够充分维护当事人的利益。

（1）律师和委托人作证特免权的理论基础

第一，保护职业秘密。律师与委托人之间的关系建立在高度信任的基础上，这种关系需要保护委托人的秘密，以确保委托人能够充分信任律师并愿意接受律师的法律服务。如果律师不能保护委托人的秘密，那么委托人可能会对律师失去信任，进而影响法律服务的提供。

第二，保护个人隐私。个人隐私是维护社会秩序和个人权利的重要因素。律师和委托人作证特免权能够保护个人隐私，防止因泄露个人信息而产生的社会不安和困扰。

（2）律师和委托人作证特免权的社会影响

第一，对法律体系的影响。律师和委托人作证特免权能够维护法律的公正性和权威性。它确保律师在代表委托人时，不会因被迫透露过多信息而影响其法律判断的独立性和公正性。同时，它也保护了委托人的隐私权，使法律程序的公正性和公平性得以体现。

第二，对社会关系的影响。律师和委托人作证特免权有助于维护社会信任。它使律师能够充分履行其职业责任，保护委托人的权益，同时维护社会对律师的信任。此外，它也保护了委托人的隐私权，体现了社会对个人的尊重。

（3）律师和委托人作证特免权在刑事诉讼中的特殊意义

第一，保障辩护权的行使。辩护权是被告人的一项基本权利，它贯穿于刑事诉讼的全过程。被告人有权在刑事诉讼过程中，通过辩护律师的帮助行使辩护权。律师作为被告人的辩护人，享有了解案件全部事实和证据材料的权利，而这些事实和证据材料是被告人难以获取的。因此，"律师—委托人"作证特免权对于保障辩护权的行使具有重要意义。

第二，维护委托人权益。律师作为被告人的代理人，有义务为被告人辩护并维护其合法权益。如果律师在诉讼过程中被强迫作证，将会泄露被告人的秘密信息，损害被告人的合法权益。因此,"律师—委托人"作证特免权有利于维护被告人的合法权益。

第三,实现司法公正。在刑事诉讼中,被告人有权获得公正的审判和合法的程序保障。如果允许律师作证披露被告人的秘密信息,将会破坏司法公正和程序保障的原则。因此,"律师—委托人"作证特免权有利于实现司法公正和维护程序的合法性。

总之,在众多法律体系中,"律师—委托人"作证特免权是一项重要的法律原则,它赋予律师和委托人在某些情况下拒绝作证或不必透露特定信息的权利。这一特免权旨在为律师履行职业责任和道德义务提供基础和保障,同时保障了委托人的隐私权和自由。然而,如何在保护职业秘密和个人隐私之间找到平衡点,以及如何防止滥用这种特免权,仍是我们需要进一步探讨的问题。

证据法的管理学分析

一、管理学的基本理论

管理学是一门不精确的综合性科学,管理的有效性是衡量管理工作好坏的标准。管理学的实践性也很强,"熟读经书,结交高人,勤于实践,善于思考"是学好管理的不二法门。

1. 得战略者得天下[1]

在企业管理中,战略决策是至关重要的。企业需要解决两个问题,一是"做正确的事",二是"正确地做事"。做正确的事就像是船上的帆,指引着企业前进的方向,而正确地做事则像船上的桨,是实现目标的重要动力。企业战略目标的制定解决了"做正确的事",而管理机制则解决了"正确地做事"。

战略的力量是巨大的,得战略者得天下。战略决策要有大思路,只有定下正确的战略目标,结果才能正确。企业管理十分需要战略,尤其是中国企业,更需要好的战略。因为如果没有战略规划的指导,企业就很容易迷路,而迷路后走入歧途的企业,失足是必然的。

企业需要认识到自己的问题,并采取有效的措施加以解决。在日常生活中,即使没有生病,我们也需要进行长期保健,才能保持健康。企业也需要不断地进行自我调整和改进,以适应不断变化的市场环境。只有这样,才能真正实现可持续发展。

---

[1] 任儒鹏:《管理:越简单越好》(升级版),企业管理出版社2014年版,第7—32页。

2. 管理需要建立预期

管理在一定程度上可以被定义为一种建立预期的过程。这一过程旨在激发企业员工在市场经济环境下的积极性、勤奋度和合作精神。尽管在计划经济时代，企业员工可能出现缺乏激励、偷工减料和效率低下等问题，但在市场经济体制下，企业为了赚取利润，通常会努力调动员工积极性，以降低成本并提高效率。

企业领导者通常采用"胡萝卜加大棒"的方法来管理下属。根据管理学家孔兹的定义，领导可被视为一种影响力，即通过某种艺术或方法来影响他人，使员工愿意为达成群体目标而努力工作。这种观念可以进一步扩展到使员工不仅愿意工作，而且愿意热情且自信地投入工作中。

管理者在组织中承担着塑造未来预期的责任。员工对未来的预期是影响其行为的关键因素。这些预期包括预期收益和风险，即员工认为他们的努力会带来何种好处以及可能面临的问题。这些因素将影响员工的个人策略，例如，他们是否愿意将精力投入企业的成长中。

对于一名管理者来说，他们应以务实的精神制定切实可行的计划，使团队有一个可以实现的目标，而不是作出一个不可能实现的决定。同时，管理者应对这个目标作出承诺，并在实现目标的过程中与员工进行沟通，建立一个交流网络来寻求共同的价值观和信念。此外，管理者应以身作则，以自己的个人行为作为员工学习的典范。

3. 管理的五大职能和十四大原则

亨利·法约尔（Henri Fayol，1841—1925年），长期担任法国某大公司的总经理，根据自己30多年的管理实践，于1916年发表了《工业管理与一般管理》一书，提出了适用于一切组织管理的五大职能和有效管理的十四条原则。

管理的五大职能：

第一，计划。计划是最重要也是最难的管理职能，可简述为对未来的预测、目标的确定和行动计划的制订。

第二，组织。组织可被看成是物力和人力的组织问题，可简述为为完成已确定的目标而进行的各种资源的有效配置和整合。

第三，指挥。为了使组织行动起来，指挥是必要的，可简述为使组织能充分发挥作用的有效领导的艺术。

第四，协调。就是让事情和行动都有合适的比例，即方法适应目的。

第五，控制。核定情况是不是与既定的计划、发出的指示以及确定的原则相符合，以便对错误加以纠正，避免重犯。

管理的十四条原则：

第一，劳动分工。劳动分工属于自然规律，其目的是用同样的努力生产出更多更好的事物。但劳动分工有一定的限度，经验和尺度感告诉我们不应超出这些限度。

第二，权责相当。权力是指挥和要求别人服从的依据。管理者必须拥有权力以发布命令，但权力必须与责任相当。

第三，纪律严明。雇员必须服从和尊重组织规定，领导要以身作则，管理者和雇员也要对规章有明确理解，施行公平的奖惩，这对于保证纪律的有效性是非常重要的。

第四，统一指挥。组织中的每一个人应该只接受一个上级的指挥并向这个上级汇报自己的工作。双重指挥往往是冲突的根源。

第五，统一领导。从事同种工作的部门应该由同一个领导者按统一的计划来领导。这是统一行动和协调力量的必要条件。

第六，个人利益服从整体利益。个人和小集体的利益不能超越组织整体的利益。成功处理个人利益和整体利益矛盾的方法是：领导者具有坚定性，树立好的榜样；尽可能签订公平的协定；认真监督。

第七，报酬。必须给工作和服务以公平合理的报酬，并尽量使企业和其所属人员都满意。

第八，集权。集权反映的是下属参与决策的程度，决策是集中（由管理者做出）还是不集中（由下属做出）是一个恰当比例的问题，集中和分散应允许有弹性，可根据组织具体情况而定。

第九，等级制度。从高层到基层应建立关系明确的等级链，信息的传递应按等级链进行。但是，如果顺着这条等级链会造成延误，那么应允许越级报告和交叉通告，以保证重要信息传递的畅通无阻。

第十，秩序。建立秩序是为了避免损失物资和时间，为此，无论是物品还是人员，都应该在正确的位置上，"各有其位，各得其所"。

第十一，公平。管理者应该友善和公平地对待下属，以鼓励其所属人员能全心全意和无限忠诚地履行职责。

第十二，人员的稳定。每个人适应自己的工作需要一定的时间，高级雇员不要轻易变动，以免影响管理工作的连续性和稳定性。管理者应制订规范化的人事计划，以保证组织所需人员的供应。

第十三，主动性。鼓励员工发表意见和主动工作。这种全体人员的主动性对于企业是一股巨大的力量，特别是在企业困难的时刻。

第十四，团结精神。强调团体精神可以促进组织内部的融洽和统一。

法约尔认为管理包括五大要素，即计划、组织、指挥、协调、控制，并且这些要素存在于一切有组织的人类活动之中。同时，他认为管理上的成功不完全取决于管理者个人的管理能力，更重要的是要灵活地贯彻管理的一系列原则。[1]

4. 树立危机意识

青蛙在温水中缺乏危机感的原因不是因为它没有危机意识，而是因为它未曾预见水温上升的严重后果。同样，许多企业如同温水中的青蛙，尽管危机隐患已经存在，却仍然盲目乐观，忽视潜在的危机。因此，构建危机意识，打造一种危机文化在管理上显得尤为重要。

在企业中，领导者常常采用末位淘汰制来激发员工的危机意识。这种制度使得每个员工都努力工作以避免被淘汰。例如，海尔公司的一句流行语是："今天工作不努力，明天努力找工作。"这种紧迫感来自张瑞敏实施的"三工并存，动态转换"的管理办法。该制度将全体员工分为优秀员工、合格员工和试用员工，并给予不同的待遇和分房加分。员工的工作表现和贡献决定其动态转换和全厂公布的结果。公司有一套完善的绩效考核制度，业绩突出者会得到三工上转，而表现不佳者则会被三工下转甚至退到劳务市场或内部待岗。这种制度成功解决了"铁饭碗"问题，增加了员工的危机感，增强了员工的进取精神，使企业更有信心应对未来的挑战。

5. 决策是管理的心脏

决策制定是管理的核心环节。简单来说，决策就是对不同

---

[1] [法] 亨利·法约尔：《工业管理与一般管理》，迟力耕、张璇译，机械工业出版社 2007 年版，第 6 页。

方案进行比较和筛选，以确定最优的选择。这个过程渗透政治、经济、军事和文化等各个领域，并且对于企业的兴衰荣辱、生死存亡起到决定性的作用。西蒙教授曾经指出："管理的本质就是决策。"因此，决策的科学与否直接关系到企业未来的命运。

首先，为了实现决策目标，我们需要采取科学的决策方法。现代社会的发展速度越来越快，新情况和新问题不断涌现，使得决策过程变得更加复杂和困难。因此，领导者需要借助现代技术手段和科学的决策方法来辅助决策，确保决策目标的顺利实现。

其次，决策过程需要遵循规范化的程序。决策是领导实践的重要内容，并具有自身的运行规律。科学的方法和规范化的程序是这种规律的表现形式。严格按照程序进行决策可以使决策建立在科学的基础上，避免领导者的主观随意性和盲目性，从而降低决策失误的风险。

最后，决策监督需要实现经常化和制度化。监督是根据领导机关制定的路线方针政策对作出的决策进行检查和督促，以便及时发现和纠正决策执行中偏离决策目标的行为所采取的方法和措施。由于事物是不断发展变化的，新问题和新情况会不断出现，决策监督必须实现经常化。同时，对于一些特定问题需要多次反复地监督和审查，而不是一次性的。

6. 领导力与执行力：企业成功的关键

在社会中，我们经常观察到一种现象：一个强大的领导班子能够引领一群平凡的个体走向成功。相反，一个弱小的领导班子可能会导致整个群体陷入困境。这个现象在企业和组织中同样适用。

企业的成功依赖于其内部领导班子的能力和执行力。一个强大的领导班子能够清晰地设定目标、制定战略，并有效地传达这些信息，激发员工的工作热情和创造力。他们具备敏锐的洞察力，善于发掘员工的潜力，并能及时调整策略以适应变化的环境。

拿破仑曾说过："一头狮子率领的一群绵羊，可以打败由一头绵羊带领的一群狮子！"这句话形象地表达了领导力的重要性。领导力强大的狮子能够高效地领导和驾驭绵羊，让自己的主张和政策得以顺利推行。而执行力差的绵羊则无法统率狮子。

选择合适的领导班子对于企业的长远发展至关重要。在选拔领导者时，我们需要关注他们的领导才能、对企业发展的承诺和自我批评的能力。他们必须具备令员工信服的管理方法和严谨的工作作风，并在企业发展中发挥模范带头作用。

总之，领导班子的强大领导力和执行力是企业成功的关键。只有这样，我们才能确保所选的领导者能够引领企业走向成功。

7. 恩威并施

在管理学领域有一句流传颇广的话："一手胡萝卜，一手挥大棒。"这句话象征着一种策略，即管理者在管理员工时，既要施以威严，进行批评或责罚，使他们对自己的错误有所觉悟，也要给予适当的甜头，以引导他们朝着正确的方向前进。

如果将领导的发威比作"火攻"，那么领导的施恩便可视为"水疗"。然而，在管理员工的过程中，单纯依赖"火攻"或者"水疗"都无法达到理想的效果。最有效的方法是双管齐下，同时运用这两种策略。

美国著名企业家玛丽·凯在她的著作《用人之道》中提到："决不可只批评不表扬，这是我严格遵循的一个原则。你无论批评什么表现或者批评哪个下属，也得找点值得表扬的事情留在批评后。这叫'先批评，再表扬'。"当然，这种方法并不是绝对的，表扬和批评的方式和尺度可以灵活掌握。

总的来说，批评和表扬是相辅相成的。只有同时运用这两种策略，才能缓和气氛，保证员工的积极情绪，让员工更容易接受管理者的批评。更重要的是，批评后要给员工改过的机会。实践证明，刚柔相济远胜过刚柔相偏废。就像人体的构造一样，只有坚硬的部分（如手、脚、骨骼等）和柔软的部分（如肌肉、软组织等）相结合，才能使人体灵活自如地从事各种活动。

8. 细节决定成败

"泰山不拒细壤，故能成其高；江海不择细流，故能就其深。"因此，如同大礼不辞小让，细节在决定着成败。毫不夸张地说，现代的市场竞争已经到了细节决定胜负的地步，对于企业的内部管理而言更是如此。管理者不仅要关注大事，还要关注琐碎的细节。这与授权之道并不矛盾，因为某些细节和小事同样至关重要，它们是问题的关键所在。只有抓住这些重要的细节，才能使事情得以完美解决。因此，对于企业管理而言，注重细节是至关重要的。

第一，增强意识。我们需要认识到细节的重要性，并时刻关注它。这需要我们有意识地观察和分析生活中的各种情况。

第二，制定计划。为了更好地关注细节，我们需要制定详细的计划。在商业领域中，这可能涉及产品的具体设计、市场的详细分析等；在个人生活中，这可能涉及日程安排、待办事项列表等。

第三，培养耐心和专注力。关注细节需要我们有耐心和专注力。只有当我们沉下心来，深入到每个细节中，才能发现它们的重要性。

第四，学习和实践。通过不断学习和实践，我们可以提高自己关注细节的能力。这需要我们不断地反思和总结，以便更好地掌握和运用细节。

9. 管理生涯成功要领

对于选择管理的人来说，了解并掌握确保成功的关键因素是至关重要的。经过实践检验，以下管理策略对于塑造成功的职业生涯具有指导意义。

第一，审慎选择首份工作。选择在组织中有较大权力的部门中工作，能为未来的晋升发展奠定坚实基础。通过在关键部门工作，你能接触到更多的资源和人员，扩展视野，培养能力和技能。

第二，创造卓越绩效。良好的工作绩效是管理生涯成功的必要条件。要始终保持高水准的工作表现，并留下良好的工作绩效记录，通过设定并实现可衡量的目标为组织创造显著价值，从而提高自己的职业竞争力。

第三，塑造符合组织价值观的形象。深入了解组织的价值观，明确组织对管理者的期望和要求，使自己能够展现符合组织期望的形象。通过践行组织的价值观，在群众中建立良好的基础，提高个人在组织中的认可度和影响力。

第四，理解权力结构。熟悉并了解组织内部的权力结构，明确谁是真正的决策者。通过与关键决策者建立良好的关系，能够使自己在组织中游刃有余，提高自己的影响力。

第五，获取对关键资源的控制。对组织中稀缺和重要的资源，如关键技术，进行控制。通过掌握关键资源，可以增强你在组织中的价值，从而获得更好的职业保障和晋升机会。

第六，提高可见度。在工作中让你的上司和组织中有权力的人了解你的工作表现和贡献。如果工作性质较为低调，可以通过提交工作计划和总结等方式提高你的可见度。通过展示自己的工作成果和价值，能够更好地引起组织的关注和认可。

第七，支持上司。帮助上司取得成功，尤其是在他或她面临困境时给予支持。通过成为上司的得力助手,赢得他或她的信任和尊重,进而影响和推动个人职业发展。

第八,寻找导师。导师通常是组织中有一定职位的人,他们可以教你组织文化,教你正确的行事方式,并给予你鼓励和帮助。找到一个在组织中处于权力核心圈子的人作为导师,对于渴望快速晋升的管理者是十分有益的。通过与导师建立紧密的关系,你可以获取更多的经验和指导,加速个人成长和发展。

第九,适时变换职位。不要在初始职位上停留过久。通过不断变换职位,扩大职责范围,增加工作经验,能够更快地提升自己的能力和竞争力。愿意变换职位的人往往有更快的职业发展进程。在不同的岗位上积累经验能够更好地激发工作的积极性并拓展个人能力。[1]

总之,管理生涯成功的要领在于审慎选择首份工作、创造卓越绩效、塑造符合组织价值观的形象、理解权力结构、获取对关键资源的控制、提高可见度、支持上司、寻找导师以及适时变换职位。通过遵循这些要素并在实践中不断学习和成长,你将能够在管理生涯中取得成功并实现个人价值。

二、证据法的目的和证据系统

管理学是一门研究如何有效利用和优化资源,以达到预期目标的学科。将管理学与证据法结合起来,可以为证据的实施和管理提供一种独特的视角。

1. 证据法的目标

美国《联邦证据规则》规则 102 规定,证据法的目的是保证对案件的公平审理、消除不合理的费用和拖延、查明事实真相以及保证诉讼程序公正等。具体内容如下。

---

〔1〕 邢以群:《管理学》(第五版),浙江大学出版社 2019 年版,第 339 页。

（1）查明事实真相、防止事实认定错误

查明事实真相是保证案件公平审理的基础和前提。在具体案件的审理过程中，经常发生原告、被告、检方、辩方以及不同证人之间对基本案件事实作不同描述的情况，各方当事人出示的证据也经常会互相矛盾。因此，为了查明事实真相，需要一套设计合理的证据规则作为保证。

例如，对不利于自己的证人进行交叉质证，是证据法规定的当事人的一项基本权利。当庭对证人进行交叉质证是查明事实真相的最有效的办法。实践证明，证人当庭作证，经常会因为各种原因发生错误。证人是否亲眼看见了争议事实的发生？证人对亲眼看见发生的事实描述是否准确？证人会不会因为案件事实发生的时间过久而记忆模糊？证人会不会因为某种动机而故意作伪证？在质证的过程中，通过对证人当庭进行盘问至少可以部分地查明事实真相。正是基于上述原因，威格莫尔（Wigmore）称，交叉质证"毫无疑问是从前发明的用于发现事实真相的最伟大的法律引擎"。

再如，根据证据法，作为一般规则，除非符合例外情况，否则传闻证据一般不能作为证据被采纳用以证明所声称事实的真实性。这样规定的理由是：传闻证据是陈述人在庭外所作的陈述。在庭审过程中，出示传闻证据，由于陈述人不能作证，传闻证据即使对当事人不利，当事人也无法质证陈述人。这显然侵害了当事人质证的权利，不利于查明案件事实真相。同时，之所以规定为数众多的传闻证据的例外情况，如死前陈述等可以被采纳作为证据，是因为某种特定情形的存在，使这些例外情况具有可信性。

（2）提高诉讼效率、避免诉讼拖延

证据法和其他任何部门法律一样，公平、正义是其核心精神。但在有些情况下，效率也是证据法必须考虑的因素。

例如，证据要与争议的重要案件事实具有相关性才能被采纳，原因是要控制诉讼时间和诉讼成本。不难想象，如果允许当事人不受任何限制地出示任何证据，必然会造成案件的审理被无限期地拖延下去。

基于节省诉讼时间、避免误导陪审团的目的，法庭通常也不允许就案件的附属事实（collateral matter）盘问证人。例如，W在从学校回家的路上目睹一起车祸的发生，但在作证的过程中，W却说自己是在从教堂回家的路上看到车祸的发生。对于本案争议的重要事实而言，W到底从哪里回家是附属事实或者不重要的事实，律师不得就此盘问证人。

（3）促进公共政策

促进公共政策或者促进社会所珍视的价值一直是证据法追求的目标。为了实现这一目标，即便牺牲一些非常有价值的证据也在所不惜。最典型的例子是证据法关于证人免除作证特权的各种规定。根据"律师—委托人"作证特免权，除非委托人同意，否则委托人为了寻求法律服务与律师就案件的有关交流信息不得被强迫披露。这样规定主要是为了鼓励委托人向律师充分披露有关案件的事实和信息，以便律师能够充分维护委托人的利益。

此外，为了鼓励夫妻间的相互信任，进而维护稳定的家庭关系，证据法还规定了配偶免除作证的特权等。

其他例子包括：美国《联邦证据规则》规则407规定，有关伤害发生后进行的维修或者采取的预防伤害再发生的措施的证据，不得被采纳用于证明过失、可归责的行为或者设计缺陷，也不得用于证明应当预先采取警告措施等。这样规定是为了鼓励责任方及时修缮有缺陷的产品等。

(4) 保证诉讼程序公正

证据法中的许多制度来自宪法条款，这些条款的目的就是保证诉讼程序的公正。

例如，规定交叉质证的权利，是因为根据《美国宪法第六修正案》，至少在刑事案件中被告人有对抗不利于自己的证人的宪法权利。规定任何人都不得被强迫作为证人证明自己有罪（自证其罪）的特权是《美国宪法第五修正案》的要求。再如，证件法中还设置了证据资格和证明机制，控制侦查和起诉，限制裁判者的自由裁量权。

2. 证据系统

从管理学的角度来看，证据法可以被看作是一种"输入—过程—输出"的系统。这个系统的"输入"是证据的收集和保全，"过程"是证据的认定和展示，"输出"是事实的认定和争议的解决。在这个过程中，有效的管理对于保证输入的真实性和有效性、过程的公正性和效率性以及输出的准确性和公正性起着至关重要的作用。

(1) 输入阶段

这一阶段主要是进行证据的收集和保全。管理学强调的目标之一是提高效率，因此在收集和保全证据的过程中，需要通过有效的管理提高搜索和保存的效率，同时保证证据的真实性和有效性。

(2) 过程阶段

这一阶段主要是进行证据的认定和展示。管理学强调的另一个目标是提高透明度，因此在证据认定的过程中，需要通过有效的管理保证程序的公正性，同时提高认定过程的透明度，增强公众对认定过程的信任度。

（3）输出阶段

这一阶段主要是进行事实的认定和争议的解决。管理学强调的另一个目标是提高公正性，因此在事实认定的过程中，需要通过有效的管理保证认定的公正性，同时提高解决争议的效率。

三、如何进行证据管理和分析

在法律和调查领域，证据管理是指对各种形式证据的收集、保护、分析、评估和呈现。良好的证据管理对于案件的成功处理至关重要。

第一阶段：证据收集。

一是确定证据需求。在开始收集证据之前，首先要明确你需要什么样的证据来支持你的案件或调查。

二是广泛收集。尽可能多地收集与案件相关的证据，包括文件、记录、照片、视频、证人证言等。

三是保护证据。确保在收集和运输证据的过程中，证据不会受到损坏或污染。

另外，在证据收集方式上，可以通过调查、访谈、观察、文件查阅等方式收集证据；在收集内容上，包括但不限于文字、图片、音频、视频等资料；在收集方法上，应使用适当的工具和技术进行收集，如摄像机、录音笔等。最后，要注意确保证据的真实性、合法性和完整性。

第二阶段：证据评估。

一是评估原则。要遵循客观性、全面性、科学性和合法性原则。

二是评估标准。要根据案件的性质和需求，制定相应的评估标准。

三是评估方法。要采用定性分析和定量分析相结合的方法进行评估。

四是评估可信度。要评估每个证据来源的可信度,考虑其可靠性、客观性和公正性。

五是判断证据相关性。要判断证据与案件的相关性,以及其对案件解决的影响。

六是形成结论。要基于上述评估,形成对案件的结论。

应注意的是,要避免先入为主,重视证据之间的关联性。

第三阶段:证据分类。

对证据进行分类和整理,使之易于理解和分析。

一是验证证据。对收集到的证据进行核实,确认其真实性和相关性。

二是分类原则。可以根据证据的性质、来源和可信度进行分类。

三是分类方法。可以采用表格、图表等方式对证据进行分类整理。

四是分类内容。包括但不限于书面证据、口头证据、物证等。

应注意的是,要确保分类合理,便于后续分析处理。

证据分类之后,还要特别关注证据保护:①存储安全。确保证据存储在安全的地方,防止未经授权的访问或损坏。②备份数据。对于电子数据,要进行定期备份,以防数据丢失。③保密性。确保涉及隐私或敏感信息的证据得到适当的保密。

第四阶段:证据分析过程。

一是分析目的。要明确证据分析的目的和需求,如确定责任方、犯罪嫌疑人等。

二是分析步骤。应按照一定的程序和方法进行分析,具体包括:①了解案件基本情况;②分析证据之间的关联性,排除不相关或不准确的证据；③确定关键证据；④综合分析，得出结论。

三是分析方法。可以采用比较法、归纳法、演绎法等方法进行分析。

应注意的是，要保持中立，避免主观臆断和先入为主。

第五阶段：证据呈现。

在动态上，首先，准备报告。根据分析结果，撰写详细的报告，包括对证据的描述、分析和解释。其次，准备演示材料。为法庭或听证会准备清晰的演示材料。包括图表、照片、视频等，以便其他人理解你的结论。最后，合理解释。在呈现证据时，要准确、清晰地解释每个证据的含义和重要性。

一是呈现目的。将分析结果以清晰明了的方式呈现出来，如制作报告、图表等。

二是呈现内容。包括但不限于案件概述、证据分析过程、结论等。

三是呈现方式。可以采用文字、图片、表格等多种方式进行呈现。

应注意的是，要确保呈现内容准确无误，符合逻辑，易于理解。

第六阶段：结论和建议。

一是总结结论。根据证据分析的结果得出结论。

二是问题总结。总结案件中存在的问题和难点。

另外，在进行证据管理和分析过程中，要始终遵循相关的法律和道德规范。这包括确保你有权收集和使用特定证据，保护个人隐私权，以及遵守法庭或其他相关机构的程序和规定。

总之，良好的证据管理对于成功办理案件至关重要。通过仔细计划和执行上述步骤，你可以确保你的证据管理过程是高效和准确的。通过不断学习和实践，你可以提高自身的证据管理和分析能力，从而为成功办理案件提供更好的支持。

一个抢劫案件的证据分析报告

根据刑法规定，判断某一行为是否构成犯罪，需要从犯罪构成的四个主客观要件方面进行分析，即犯罪的主体方面、犯罪的主观方面、犯罪的客观方面以及犯罪的客体方面。本案针对抢劫罪的四个构成要件，作了一个证据分析报告。

（一）认定王某、徐某犯罪主体的相关证据

刑法中犯罪主体指的是达到法定刑事责任年龄、具有刑事责任能力、实施危害行为的自然人与单位。只有行为主体具备了法定的刑事责任年龄与责任能力，才能依法追究其刑事责任。

以下证据可以证明本案中王某、徐某的犯罪主体资格：①王某、徐某的居民身份证；②王某、徐某的户口簿或户口底卡档案；③王某、徐某的医院出生证明；④入学、入伍等登记中及个人履历表中有关年龄的证明；⑤出生地同一区域邻居中同年、月、日出生者的父母或其他亲友证词；⑥王某、徐某的供述及其亲属证词。在收集、审查、判断和运用上述证据过程中，由于实践中经常发生犯罪嫌疑人或其亲友通过涂改犯罪嫌疑人年龄的方法逃避刑罚的情况，对于犯罪嫌疑人边缘年龄的查证，仅依据身份证和户籍材料是不够的，还需要提供第3项、第4项、第5项证据，形成完整的证据链条，互相印证。

通过对上述证据的收集和固定，能够证明本案被告人王某今年26岁，被告人徐某今年39岁，在犯罪时均已满14周岁，具备《中华人民共和国刑法》规定的抢劫罪所要求的刑事责任年龄、刑事责任能力，故两被告人均为适格的犯罪主体。

（二）抢劫罪主观方面的相关证据

犯罪主观方面是指行为人对其实施的危害社会的行为及其危害社会的结果所持的故意或过失的主观心理态度。在主观方面，抢劫罪只能由直接故意构成，故意的内容必须以非法占有公私财物为目的。

关于认定本案两被告王某、徐某抢劫罪主观故意的证据分为直接证据和间接证据。

证明王某、徐某抢劫罪主观故意的直接证据为两被告人的供述和辩解。

第一，被告人的供述和辩解证明各被告对共同实施犯罪进行了计划分工，并且各人分别实施了相应的具体犯罪行为。王某首先提出寻找一个住人少、能包夜嫖宿的旅社，到深夜时抢劫"小姐"和旅社老板，并商定由王某一人事先嫖宿在旅社内，到深夜时分另给徐某、李某发短信，并打开屋门让两人进屋，三人共同实施抢劫。选定目标后，王某入住旅社，并给另外两被告发短信，三人到王某嫖宿的房间，由徐某持一把刀看住阿芳，王某、李某两人则来到旅社老板孙某夫妇的房间，由王某把刀架在孙某的脖子上威逼其拿钱。

第二，被告人的供述和辩解证明被告人实施作案有动机、有目的。即三个人觉得打工挣钱太少，手头拮据，于是想找一个省力又挣钱快的门路，由此想到劫取旅社以获取钱财。各被告均认识到劫取钱财会造成他人的财产损失，并且在压制其反抗的过程中可能会造成人身伤害，但为了非法获得钱财，其仍然希望这种结果发生，这就具有抢劫罪的主观故意。

第三，被告人的供述和辩解证明各被告人对共同实施抢劫行为事先进行了商量，并且达成了共识。王某提出，寻找一个住人少、能包夜嫖宿的旅社，到深夜时抢劫"小姐"和旅社老板,徐某和李某均欣然同意,并且商量了具体的实施方案。

第四,被告人的供述和辩解证明各被告伤害被害人的时间是在抢劫行为当时,其目的是为抢劫排除障碍,而不是在抢劫完成后实施伤害行为。此证据可证明行为人是以非法占有为目的而实施压制被害人反抗的行为,符合抢劫罪的主观要件。

在以上所述直接证据的基础上,以下间接证据可进一步印证各被告人的主观故意。

第一,被害人陈述、现场目击证人的证言。

第二,事先踩点场所的现场证据,即现场勘查笔录、证人证言、辨认笔录,证明被告人已按计划的内容准备工具、踩点,印证其主观故意的心理态度。

第三,提取的物证西瓜刀、手机,能证明被告人在预谋时主观上就有使用暴力或以暴力相威胁的准备,并会积极按照事先预谋实施抢劫行为。

上述证据的收集和固定证明:①作为自然人,被告人王某、徐某主观上具有直接故意,即明知自己的行为会发生危害社会的结果,而仍希望该结果的发生。②对于共同抢劫犯罪,作为共同犯罪参与者,各被告人在主观上都明知自己的行为是在共同犯意支配下实施的共同犯罪行为的组成部分。

(三) 各被告犯罪客观方面的相关证据

在犯罪客观方面,抢劫犯罪的行为人必须具有对公私财物的所有者、保管者或者守护者当场使用暴力、胁迫或者其他对人身实施强制的方法,立即抢走财物或者迫使被害人立即交出财物的行为。这种当场对被害人身体实施强制的犯罪手段,是抢劫犯罪的本质特征,也是它区别于盗窃罪、诈骗罪、抢夺罪和敲诈勒索罪的最显著特点。

证明本案被告抢劫犯罪客观方面的证据有:

第一，犯罪嫌疑人的供述和辩解。该证据证明各被告人在预谋中和具体实施犯罪过程中使用了暴力方法排除被害人反抗进行抢劫。被告人徐某持西瓜刀压制被害人阿芳，王某则使用西瓜刀这一作案工具架在孙某的脖子上威逼其交出财物，并在孙某的右手臂上狠狠地戳了一刀，以此威胁其拿钱，后孙某的妻子刘某在李某的威逼下告诉两人的钱在抽屉里。

第二，被害人、现场目击证人、旅社其他服务员的证言。证明被告人以非法占有为目的，采取暴力、威胁的手段压制被害人反抗而强行劫取财物。

第三，从案发现场、各被告人身上或指认处提取的物证。包括西瓜刀、手机等作案工具，以及搜查笔录、辨认笔录。

第四，鉴定结论。物证及其附着物上的血型鉴定、指纹鉴定、DNA鉴定、药物鉴定。

第五，作案工具等物证来源的相关证据：①同案犯的言词证据；②证人或同案犯与本案各被告人的相互辨认笔录；③鉴定结论，从来源处提取的同类物及物证所作的同一鉴定。

第六，抢劫现场勘查笔录及照片。

第七，书证：①伤情检验，证明被害人的伤害部位、伤口特征与各被告人的供述、证人证言所证明的被告人在犯罪过程中的行为及所使用的凶器能否对应。②医院病历资料，证明伤情检验结论的科学性。

第八，住宿登记的笔迹鉴定。

通过上述证据的收集和固定可以相互印证证明：①各被告人使用了伤害他人的暴力方法相威胁；②暴力或以暴力相威胁指向的直接对象是被害人本身，而非直接指向被害人的财物；③当场使用暴力或以暴力相威胁并当场取得财物。

（四）关于犯罪客体方面的证据要求

抢劫罪侵犯的客体是复杂客体，即其行为不仅侵犯了公私财产所有权，同时也侵犯了被害人的人身权利，往往造成人身伤亡。侵犯复杂客体，是抢劫罪区别于其他侵犯财产罪或者一般的侵犯人身权利罪的主要标志。

证明本案被告人实施抢劫犯罪客体方面的证据主要有两方面。

1. 被害人的人身权利

第一，户籍证明、身份证。

第二，物证，提取的被害人随身携带的物品及其提取笔录。

第三，书证，被害人的伤情鉴定。

2. 被害人的财产权利

第一，目击证人的证言。

第二，被害人陈述。

第三，被告人的供述与辩解。

第四，书证，勘验笔录。

第五，物证，现场照片。

通过上述证据的收集和固定证明：犯罪嫌疑人的行为侵犯了双重客体，即被害人的人身权利和财产权利。

综上所述，对案件事实的证明要转化为对法律要件事实的证明，并进行细化，最后综合分析得出结论，证明自己的指控或者主张。

四、证据保管链条的管理和证明

证据保管链条（chain of custody/chain of evidence）是指从犯罪现场发现物证时起，直到将物证提交给法庭时止，对所有曾经保管现场物证的人员进行登记和记录。只有实物证据才需要保管、运输或者鉴定，因此只有实物证据才存在证据保管链条问题。

我国的证据保管链条制度已经初步建立，但是存在证明形式化问题，包括控方出示证据时，相关说明的形式化；辩方提出异议时，控方证明方法的书面化。证据保管链条证明程序不独立，没有可采性的初步筛选程序。证据保管链条证明责任产生异化，针对辩方提出的证据来源不明、可能被污染的问题，控方仅仅是对程序瑕疵进行补正或者解释说明。我国的证据保管链条的程序和证明还需要进一步优化。

1. 证据保管链条的特征

（1）证据保管链条表现为一个连续的时间链

在诉讼意义上，实物证据的生命周期始于发现和收集，终于法庭审理，并在运输、保管、检验鉴定等阶段中流转。这条按照时间先后顺序形成的证据保管链条能够反映证据在任何特定时刻的位置及状态。

（2）证据保管链条是流动的追踪链

某项物证从犯罪现场收集提取后，可能直接运输到法庭科学实验室进行检验分析或者送交专门的证据保管场所妥善保管。在保管期间，可能还需要送交检验，最后作为控方证据向法庭出示。这条证据保管链条记录了证据在人与人之间的传递以及在场所之间的转移，是对这一流转路径进行持续追踪所形成的信息链。

（3）证据保管链条是一种记录系统

按照证据保管链条的要求，实物证据的收集、保管、移送、检验等环节都要按规定进行记录。这些记录的内容主要包括证据的基本信息与状态、人员身份、地点、时间等。在理想情况下，各个阶段的信息应由一个专门的记录系统来持续追踪记录，例如，某种标准制式的表格文件。该文件应当始终伴随证据的整个流动过程，以此形成连续的证据保管链条，并清晰地体现证据在各个地点和时间点的状态以及相应的保管人员。这种记录系统可以直观地反映证据是否遗失、状态是否改变以及是否遭到人为篡改或调换，而记录的中断则会引发对证据来源、同一性的怀疑。

（4）作为"链接者"，对证据有过实际控制的人员负责证据的收集、运输、保管、检验等环节

这些人员需承担责任，按照法定程序和科学方法交接、保管和处理证据。"链接者"承担如实记录证据保管链条的责任，并在记录文件上签署身份信息。在某种意义上，"链接者"的身份信息是证据保管链条最为关键的构成要素，明确的人员身份信息可以确定将来可能需要出庭作证的人员。证据收集、保管和处理人员等"链接者"出庭作证时，应当能够就证据状况提供真实证明，如每一次移交的情况以及证据是否得到妥善的包装密封。

2. 美国证据保管链条的程序

建立证据保管链条是一个按时间顺序进行的过程，旨在记录证据的演变并确保其完整性。这一过程涵盖了从证据收集到实验室控制的各个方面。

在证据收集阶段，证据保管链条的建立需要关注以下方面：一是记录证据的位置、收集的日期和时间、证据的类型和状态以及任何独特的标记或变化；二是收集、保护、标记和包装证据，并对证据或证据袋进行标记，主要包括案号、证据编号和类型、日期和时间以及侦查人员的签名；三是封装证据；四是列出证据清单，包括每个证据的名称、序号、编号、数量和状态；五是创建证据保管链条记录文件。

在证据运输和转移过程中,相关记录文件的信息应包括:一是案号;二是证据类型;三是负责侦查和收集证据的警官的姓名、警衔和身份证号;四是运输人员的姓名、警衔、身份证号及其职责;五是相关责任人员的签名和提交证据的日期;六是案件发生或证据发现的地点。每次证据进行运输和转移时,都应记录以下信息:一是证据的编号和简况;二是每次转移的日期和时间;三是移送人员、运输人员和接收人员的签名;四是转移证据的原因。

对于证据的保管,应当在适当的条件下进行,以确保其完好无损。以生物证据为例,妥当的保管条件最重要的是进行温度和湿度控制。此外,执法部门需要建立一套程序规则来规范保管人员对证据的处理和管理。总的来说,证据的保管应当确保证据免遭污染、损坏,而且使证据易于检索和识别。

在实验室控制方面,实验室应建立一套记录系统以确保证据的完整性。这包括:一是对证据进行独特性标记;二是记录证据保管链条,包括每位接收或转移证据人员的签名、时间以及每项证据物品的识别码;三是通过适当的封装、标记等保护和记录程序,确保证据在保管和处理过程中损耗最小、免遭污染或者发生有害变化;四是设立安全且访问可控的证据保管区域。

3. 美国证据保管链条的证明

(1) 证明证据保管链条的情形

证据保管链条在法庭科学中占据了举足轻重的地位。对于那些特征明显、易于识别的物证,如带有序列号的手枪、具有特殊标志的刀具或非同寻常的帽子等,通常可以通过目击证人或物证识别特征进行辨认。然而,对于一些难以识别的物证,如毒品、血液等,或者那些易受篡改或污染而状态发生改变的证据，以及需要在法庭科学检验分析中采纳的证据，建立完整的证据保管链条则显得尤为重要。

以可卡因为例，当控方将其作为证据提交法庭时，必须确保其同一性和完整性。这意味着必须证明犯罪实验室检测的可卡因与从被告人处查获的可卡因完全一致，并且可卡因在从犯罪现场到证据保管室再到实验室，最后到法庭的整个过程中均未受到篡改或破坏。通过严谨的保管链条证明，我们能够确保法庭科学证据的可靠性和有效性，从而有助于揭示案件事实真相。

因此，在涉及法庭科学证据的案件中，建立严格的证据保管链条成了至关重要的环节。这不仅有助于确保证据的真实性和完整性，还有助于增强法庭对科学证据的信任和认可，推动其做出公正、准确的判决。通过这种方式，我们能够确保法庭科学证据在案件中的准确性和可信度，为维护司法公正和保障人身权利发挥积极作用。

（2）证据保管链条的证明方法

美国《联邦证据规则》规则901（b）款（1）项和（4）项详细规定了证据保管链条的证明方法。其主要采取以下三种方式。

首先，通过证人出庭作证来证明。在美国，控方通常需要传唤"链接者"，即有机会篡改或替换证据的人员，如现场血迹的收集人员、证据保管人员、实验室分析人员等，通过询问的方式描述证据保管链条的各个环节的情况，以证明证据的完整性和同一性。具体而言，"链接者"需要提供以下证言：①何时、从何人处接手证据；②为保护证据所采取的预防措施；③证据在其占有保管期间未发生变化、未被替换或篡改；④何时、向何人移交了证据。

其次，利用记录文件来辅助证明。根据美国《联邦证据规则》规则612，证人可以通过证据保管链条中的书面记录来刷新记忆，辅助自己作证。例如，如果证据保管室工作人员无法从现实记忆中证明逮捕官在特定日期将某一物品交予自己，那么该工作人员应被允许参考证据保管室日志中的相关记录。

对于辩方而言，其可以通过攻击记录文件中有关信息的缺乏或者中断来否定控方建立了完整的证据保管链条，进而质疑控方提出证据的同一性与真实性。在这种情况下，控方就需要传唤"链接者"出庭作证以证明其对证据进行了连续的控制以及妥善的处理与保管，从而否定辩方的主张。反之，如果证据保管链条记录连续、未有中断，这种情况下辩方很可能不会质疑控方提出证据的同一性，"链接者"出庭作证的必要性也因此降低。

最后，控辩双方可以约定关于证明的条款。为了避免烦琐的证据保管链条的法庭证明过程，美国的控方律师通常会努力与辩方律师达成关于证据可采性基础证明的约定。这种约定可以帮助控方避免在法庭上证明完整的证据保管链条，从而提高庭审效率。辩方律师同意达成这种约定的重要考量之一是控方的证据保管链条具有完整的记录表明证据是同一、真实的。

（3）证据保管链条的证明标准

美国联邦法院遵循《联邦证据规则》规则901（a）款的规定，要求证据的鉴真程度必须足以支持一项认定，这是在举证阶段法官对实物证据的可采性进行初步筛选时所适用的证明标准。为了决定是否采纳证据，法院要求证据保管链条的证明达到"足够性"（sufficiency）的标准，这一标准是以美国《联邦证据规则》规则104（b）款所规定的初步（prima facie）标准为基础的。这种较低的证明标准并不需要达到优势证据标准，可以理解为"合理可能性"（reasonable probability）的标准。法庭要求的证明基础是需要证据保管链条具有足够的完整性，使得原始物品不大可能被替换、污染或篡改。

以一起性侵案为例，护士从性侵受害者身上提取了DNA拭子样本，但未能将收集和储存样本的每一步都记录下来。然而，护士作证说，她根据强奸案配套指导和方案提取了样本，将拭子风干、附上标签并密封，然后将其移交给一位州警官。法院认为，检方提供了充分的证据保管链条，该链条不需要完美地建立，而只需要合理地确信所检测样本的同一性。此外，被告人主张自己的DNA样本与从被害人身上提取的拭子样本有可能发生交叉污染，从而导致DNA检测结果的不可靠。然而，实验室专家作证说，证据样本和基准样品并未同时提取和分析，细胞材料合适地储存在纸板盒内，按照例行和普遍接受的做法储存拭子，而且试剂空白并未显示污染。因此，检方充分地保护了DNA样本不受污染。

整体而言，由于采纳证据的标准很低，证据保管链条的缺陷在多数情况下很难影响证据的可采性。然而，被采纳的证据仍需接受可信性的评价。因此，美国构建了一种证据的两步审查机制：第一步是法官对于可采性的审查，适用较低的标准；第二步是陪审团对于可信性的审查，应当适用内心确信的标准。这种两步审查机制具有重要意义：其一，法官能够通过可采性的初步证明过滤掉存在重大缺陷的证据，防止陪审团接触不相关的证据；其二，陪审团能够接触尽可能多的证据信息，并对证据的真实性、可信性进行最终裁定，从而保证事实认定者对事实全面认定的权力。这种审查机制既保证了证据的有效性和可靠性，又充分尊重了事实认定者的权力。[1]

---

[1] 李超强："证据保管链条问题研究"，中国政法大学2022年硕士学位论文。

证据法的信息论基础

一、信息论的基本原理

信息技术的发展正在引发巨大的变革，重塑了人类的生产经营模式和管理方式。这一变革的深度和广度堪比工业革命，甚至有过之而无不及。20世纪见证了信息技术发展的巨大成就，从根本上改变了人类的生产方式和生活方式。

在工业化时代，我们的生活被汽车、冰箱、洗衣机、电脑等有形产品所包围。然而，信息时代的特点在于其具有无形的产物——用于收集、分析、传输和综合处理信息的能力与智慧。这种能力的积聚促进了新的公司与产业的诞生，如互联网公司、软件系统、机器人、电子商务等。这些新产业不仅改变了我们的生活方式，而且重塑了全球经济结构和社会结构。

然而，这只是开始。信息技术的发展仍在加速，预示着未来将有更多的变革等待着我们。因此，我们必须保持敏锐的洞察力和灵活的适应能力，以应对这个充满变革的时代带来的挑战和机遇。

信息论是一门应用概率论与数理统计的方法来研究信息、信息熵、通信系统、数据传输、密码学、数据压缩等问题的应用数学学科。它将信息的传递作为一种统计现象来理解和分析，并给出了估算通信信道容量的方法。信息论涵盖了信息传输和信息压缩两个主要领域，这两个领域的研究又由信息传输定理和信源—信道编码定理进行联系。

美国数学家、信息论的创始人克劳德·艾尔伍德·香农（Claude Elwood Shannon）因其对信息论的卓越贡献而被誉为"信息论之父"。1948年10月，香农在《贝尔系统技术学报》上发表了一篇具有里程碑意义的论文——《通信的数学理论》（*A Mathematical Theory of Communication*），这篇论文标志着现代信息论研究的开端。

随着信息理论的快速发展和人们对信息概念的深入理解，信息论所涉及的内容已经远远超出了狭义的通信工程领域，扩展到了更广泛、更新兴的信息科学领域。在这个领域中，人们不断探索和挖掘信息的本质和特性，研究如何有效地获取、处理、存储和传输信息，以满足不断增长的信息需求和社会发展的需要。

1. 信息的概念

信息是物质运动规律的总和，它是客观事物状态和运动特征的一种普遍形式。在客观世界中，大量地存在、产生和传递着以这些方式表示出来的各种各样的信息。在信息论中，常常把消息中有意义的内容称为信息。1948年，香农在题为《通信的数学理论》的论文中指出："信息是用来消除随机不定性的东西。"同年，美国著名数学家、控制论的创始人维纳（N. Wiener）在《控制论》（*Cybernetics*）一书中指出："信息就是信息，既非物质，也非能量。"

信息是有价值的，人类离不开信息就像人不能没有空气和水一样。因此人们常说，物质、能量、信息和时间是构成世界的四大要素。信息的传播是极具重要性的，因为它是人们获取知识、认识世界的重要途径。

信息是事物的运动状态和过程以及关于这种状态和过程的知识。它的作用是消除观者在相应认识上的不确定性，它的数值则以消除不确定性的大小，或等效地以新增知识的多少来度量。虽然有着各式各样的传播活动，但所有的社会传播活动的内容从本质上说都是信息。

关于信息的定义，它是由一系列相关的要素或组成部分组成的，通常以文字、声音、图像、动画、气味等方式来表现，是数据按有意义的关联排列的结果。它由意义和符号组成，其中意义是指信息所表达的含义，而符号则是信息的具体表现形式。此外，香农将信息定义为事物存在方式或运动状态的不确定性的描述。这里的"事物"泛指存在于人类社会、思维活动和自然界中一切可能的对象，"存在方式"指事物的内部结构和外部联系，"运动状态"则是指事物在时间和空间上变化所展示的特征、态势和规律。

信息的基本概念在于它的不确定性。已确定的事物都不含信息。接收者在收到信息之前对它的内容是不知的，所以信息是新知识、新内容。信息是能使认识主体对某一事物的未知性或不确定性减少的有用知识。信息可以产生，也可以消失。同时，信息可以被携带、贮存及处理。[1]

2. 信息的特征

信息作为现实世界中的关键要素，其性质和特点如下。

第一，可量化。信息可以采用特定的度量单位进行量化，从而标明其数量和规模，为信息编码提供基础，如现代计算机中使用的二进制编码。

第二，可识别。信息可以通过直观、比较或间接的方式进行识别。

第三，可转换。信息可以从一种形式转化为另一种形式。例如，自然信息可以转化为语言、文字或图像等形态，也可以

---

[1] 王燕妮主编：《信息论基础与应用》（第 2 版），北京邮电大学出版社 2021 年版，第 2 页。

转化为电磁波信号或计算机代码。

第四,可存储。信息可以存储。人脑是一个天然的信息存储器,而人类发明的文字、摄影、录音、录像以及计算机存储器等都可以用于存储信息。

第五,可处理。人的大脑是最佳的信息处理器官。大脑的思维功能可以进行决策、设计、研究、写作、改进、发明、创造等多种信息处理活动。同时,计算机也具有信息处理功能。

第六,可传递。信息的传递是与物质和能量的传递同时进行的。语言、表情、动作、报刊、书籍、广播、电视、电话等是人类常用的信息传递方式。

第七,可再生。信息经过处理后,可以以其他形式再生。例如,自然信息经过人工处理后,可以用语言或图形等方式再生成信息。输入计算机的各种数据文字等信息,可以用显示、打印、绘图等方式再生成信息。

第八,可压缩。信息可以进行压缩,可以用不同的信息量来描述同一事物。人们常常用尽可能少的信息量描述一个事物的主要特征。

第九,可利用。信息是物质和事物固有的,是普遍存在的,因此具有普遍的可利用性。

第十,可共享。由于信息具有普遍存在性,信息是可以共享的。

3. 信息、消息和信号的关系

消息是表达客观物质运动和主观思维活动的状态,以简要的语言文字迅速传播新近事实的新闻体裁。消息传递的过程是消除不确定性的过程。收信者存在不确定,收信前不知消息的内容,干扰使收信者不能判定消息的可靠性,而收信者得知消息内容后,就会消除原先的"不确定"。

消息的结构包括标题、导语、主体、背景和结语。标题分为引题、主标题和副标题；导语是对事件或事件中心的概述；主体承接导语，扣住中心，对导语所概括事实作比较具体的叙述，是导语内容的具体化；背景说明原因、条件、环境等；结语或为小结，或指出事情发展的方向等。

消息的特点是真实性、实效性和传播性。

信息与消息的关系是形式上传输消息，实质上传输信息。消息具体，信息抽象。消息是表达信息的工具，信息载荷在消息中，同一信息可用不同形式的消息来载荷。消息可能包含丰富的信息，也可能包含很少的信息。

信号是运载消息的工具，是消息的载体。从广义上讲，它包含光信号、声信号和电信号等。例如，古代人利用点燃烽火台面产生的滚滚狼烟，向远方军队传递敌人入侵的消息，属于光信号；当我们说话时，声波传递到他人的耳朵，使他人了解我们的意图，属于声信号；遨游太空的各种无线电波、四通八达的电话网中的电流等，都可以用来向远方表达各种消息，属于电信号。把消息变换成适合信道传输的物理量，如光信号、声信号、电信号和生物信号等，人们通过对光、声、电信号进行接收，才知道对方要表达的消息。

信号按数学关系、取值特征、能量功率、处理分析、所具有的时间函数特性、取值是否为实数等，可以分为确定性信号和非确定性信号（又称随机信号）、连续信号和离散信号、能量信号和功率信号、时域信号和频域信号、时限信号和频限信号、实信号和复信号等。

信息、消息与信号三者的关系可总结为：消息携带着信息，消息是信息的运载工具和表现形式，信息是消息的具体内容。信号是消息的物理体现。在通信系统中，系统传输的是信号，但本质的内容是消息,消息包含在信号之中,信号是消息的载体。通信的结果是消除或部分消除不确定性,从而获得信息。

4. 信源、信道和信宿

信源是信息的来源,包括文字、语言、图像等多种形式。这些信息可以是连续的,如文字、数字等符号或符号序列,也可以是离散的,如语音、图像等在时间上连续变化的参数。无论信源的输出符号是连续的还是离散的,它们都必须是随机的,否则无论是对于信源的特征研究还是通信研究,都没有任何意义。信源模块的主要研究对象是信源发出信息的统计特征以及信源产生的信息速率。

编码器是将信源发出的符号转化为适合信道传输的信号的设备,包括信源编码器、信道编码器和调制器等。

信道是信息传输的媒介,它将携带信息的信号从一个地方传送至另一个地方。常见的信道有明线、电缆、光纤、无线电波、纸张、图片甚至空气等。在水中,通信可以采用声波传输,其媒介是水,所以水也是信道。随着科学技术的发展,大量的信息需要存储,存储器也是信道。

干扰源对通信系统的各部分都会产生干扰。根据信号类型和经过的信道的不同,其所遭受的噪声和干扰也存在差异。干扰源的统计特征是划分信道的重要因素,也是决定信息传输能力的重要因素。信息理论就是对干扰进行数学上的描述,确定它们对信号传输的影响,从而给出在无干扰的情况下,信道的传输能力。

译码器是编码器的逆过程,其目的是准确或者近似再现信息源发出的信息。与编码器相对应的是,译码器通常由解调器、信道译码器和信源译码器组成。其作用是从受干扰的信号中最大限度地提取出有关信息源输出消息的信息,并尽可能精确地恢复信息源的输出并将其传递给接收者。其核心问题在于研究各种可行的解调和译码方法。

信宿，即接收消息的人或机器，与信源处于不同的地点或存在于不同的时刻。它需要对传输过来的信息提出可接受的条件，即制定一定的准则，发端将以此来确定对信源处理时所要保留的最小信息量。接收端的数量可以是一个，也可以是多个，这取决于具体的应用需求。[1]

5. 信息论研究的内容

信息论是一门专注于研究如何构建高效且可靠的通信系统的学科。该学科的焦点在于探究消息在传输系统传输过程中的共同规律。为了达到这个目的，信息论采用了概率论和数理统计的方法来研究信息传输和信息处理系统中的一般规律。

信息论可以根据研究内容的不同分为不同的类别。

狭义的信息论，也称为经典信息论，主要涉及信息的测量、信道容量、信源编码、信道编码等领域。这部分内容构成了信息论的基础理论，通常被称为香农信息理论。

一般信息论则主要研究信息传输和处理问题。除了香农理论之外，它还涵盖了噪声理论、信号滤波和预测、统计检测与估计理论、调制理论、信息处理理论以及保密理论等方面。这一部分内容主要以美国科学家维纳为代表。

广义信息论不仅涵盖上述两方面的内容，还涉及所有与信息有关的自然和社会领域，如模式识别、计算机翻译、心理学、遗传学、神经生理学、语言学、语义学甚至社会学中有关信息的问题。

研究概括性极强的通信系统的主要目的是找到信息传输过

---

[1] 王燕妮主编：《信息论基础与应用》（第 2 版），北京邮电大学出版社 2021 年版，第 3—7 页。

程的共同规律。总结出这种共同的规律后,就可以用其来指导具体通信系统的设计,使各种通信系统具有更高的可靠性和有效性。高可靠性意味着信源发出的信息经过信道传输后,应在接收端尽可能准确无误地再现;高有效性则意味着应经济高效地传输一定数量的信息,即用尽可能短的时间和尽可能少的设备来实现这一目标。为了同时提高可靠性和有效性,我们需要找到一种平衡,因为这两者之间可能存在矛盾。例如,为了提高有效性,有时可能不一定要求在接收端完全准确地再现原来的信息,而是允许一定的误差或失真,或者说允许近似地再现原来的信息。

对于信息论的具体研究内容,学界存在不同的观点。有人认为信息论只是概率论的一个分支,因为香农信息论确实为概率论开拓了一个新的分支。但如果将信息论限制在数学的范围内,则过于狭窄。也有人认为信息论只是熵的理论,这是某些物理学家的观点。熵的概念是香农信息论的基本概念之一,但信息论的全部内容要比熵广泛得多。[1]

6. 信息论与控制论、系统论的关系

信息论、控制论、系统论自20世纪40年代以来被广泛称为"老三论"。这些理论在1948年左右逐渐形成,它们具有一些显著的共同特点:首先,从综合的整体观点来看,这些理论都经历了从对个体的独立分析到对整体的综合性研究的过程。这种转变不仅体现在理论的形成过程中,还体现在它们的应用领域里。其次,这些理论都经历了从机械的静止观点向动态观点和

---

[1] 熵(shāng)是一个物理概念,表示系统混乱程度的度量。在热力学中,它描述了系统内部能量分布的混乱程度。这个概念可以扩展到信息论中,用来描述信息的不确定性或者混乱程度。在日常生活中,我们也可以用"熵"来形容事物的混乱程度,例如,形容一个房间的混乱程度可以说"这个房间的熵很高"。

动态方法的转变。这种转变使得人们能够更好地理解和解释现实世界中的复杂现象，从静态的、固定的模式转向动态的、变化的过程。再其次，这些理论都经历了从简单的物质和能量交换到物质、能量和信息三者的交换的发展过程。信息在系统中扮演了关键角色，它反映了系统的复杂性和组织性，而且随着系统复杂性的增加，信息的重要性也相应增加。最后，这些理论都强调了反馈机制的重要性。反馈机制是控制系统中的一种关键机制，它能够使系统根据其当前状态调整其行为，以达到预期的目标。在系统论中，反馈机制也被用来解释系统的稳定性和动态行为。

（1）控制论

美国数学家维纳（1894—1964年）是控制论的先驱。在20世纪40年代初，维纳在研究计算机时，意识到机器的控制系统与人的大脑功能有相似之处。1948年，维纳出版了《控制论》一书，他认为控制论是"关于在动物和机器中控制和通信的科学"。控制论的主要目的是创造一种语言和技术，以便我们能够有效地研究和理解控制和通信的一般问题。它提供了一套适当的思想和技术，使各种特殊的控制和通信问题能够通过一系列概念进行分类和分析。

控制论的特点可以总结如下：其一，超越了牛顿和拉普拉斯的机械决定论，建立在统计理论的基础之上。这意味着控制论不仅仅依赖于因果关系，而且依赖于概率和统计方法来理解和描述系统。其二，抛开了对象的物质和能量的形态观，着重于以信息观点来研究系统的功能。这意味着我们不是直接研究系统的物质或能量，而是研究信息在系统中的流动和作用。其三，抛开了"一时一地"固定的观点，而着重于所有可能的行为方式和状态，重视变化的趋势。这意味着我们不再局限于某一特定时间或地点的系统行为,而是考虑系统的所有可能行为和状态,并预测未来的变化趋势。其四,通过结合系统观点、信息观点和反馈观点,形成了一门新的科学技术。控制论与信息论密切相关,因为信息是控制系统中的关键因素。没有信息,控制系统就无法做出正确的决策和行动。

(2) 系统论

系统论是由美籍奥地利生物学家贝塔朗菲(Ludwig von Bertalanffy)首先提出的。他在研究生物机体运动时,得出一个重要的结论:一切生物体都是在一定的时间和空间中呈现复杂的、有层次的结构,它们都是由各要素组成的有机整体,整体的功能大于组成它的各部分的功能的总和。这个结论是符合人们普遍认识的。例如,人的身体是由心、肝、肾等部分组成的,各部分功能的总和小于整体的功能。同样的,社会也是一个整体,一个企业或工厂也是一个整体,这种整体的观点是系统论的核心。

系统工程与系统论的概念有联系但并不完全相同,系统工程是以系统论的观点来解决系统的分析与设计问题。20世纪70年代以后,系统工程得到了很大的发展,美国以运筹学为基础发展了系统工程;日本从质量管理出发发展了系统工程;俄罗斯则是在控制论的观点上建立了系统工程。这些发展都进一步推动了系统工程成为一种强大的工具和方法,用于分析和设计复杂的系统。[1]

总的来说,"老三论"为人们提供了理解和解决复杂系统的有力工具,虽然它们形成的历史背景和具体应用领域有所不同,但它们都具有上述的共同特点。这些理论在科学研究和实际应

---

〔1〕 石峰、莫忠息编著:《信息论基础》(第三版),武汉大学出版社2014年版,第8页。

用中都发挥了重要作用,对于理解和管理复杂的系统和过程具有重要的价值

7. 信息论的广泛应用

随着信息技术的迅猛发展,信息理论在通信领域中的重要性日益突显。其独特的解决问题的思路和方法,使得信息论在科学领域中具有广泛的渗透性。自 1950 年后,信息论被推广到物理学;20 世纪 60 年代,其被推广应用于生物学和神经生理学;20 世纪 70 年代,其广泛渗透到各个科学领域,推动其他新兴学科进一步发展。在解决技术问题和其他科学问题的基础上,信息论也取得了新的进展。

当前,移动通信、互联网通信、多媒体技术、计算机技术、空间技术等信息技术表现出前所未有的发展势头。在这些领域中,只要涉及信息的存储、传输和处理,就要用到香农信息论的无失真通信的传输速率极限(即香农极限)、无失真和限失真信源编码理论(即数据压缩原理)以及信道编码理论(即纠错码理论)。这些理论不仅在日常生活娱乐中得到广泛应用,如数字激光影碟机、数字家庭音像系统等,而且在物理学、化学、生物学、心理学、管理学等各种学科的问题解决中也都普遍被采用。这不仅推动了这些学科的发展,而且促进了对信息的产生、获取、变换、传输、储存、处理、显示、识别和利用的研究。信息方法成为认识当代以电子计算机和现代通信技术为中心的新技术革命的浪潮的关键工具,推动了认识论的研究和发展,将进一步提高人类认识与改造自然界的能力。

在社会经济领域,信息论和材料学、能源学一起成为现代高新技术领域的三大关键技术,信息产业已是当今社会中发展最快、效益最高、潜力最大、影响最广的最重要的支柱产业之一。21 世纪人类社会将全面进入信息时代,智力、技术和信息

已成为现代社会经济生活中不可缺少的重要资源。信息科学的迅速发展和信息高速公路的出现,使先进的技术和信息能够为不同国家和民族所使用,有利于国际性的合作和交往的发展,同时也为市场经济中资源的有效配置和利用提供了良好的社会环境,避免了项目的重复建设和产品的盲目生产。

在思维方式方面,信息高速公路的开通和信息的快速传递将使人们思维方式的不断更新。互联网的开通大大加快了人们接受新思想、新信息的速度,促进了不同生活方式和思维模式的融合。每天从网络上接收到的大量不同种类、具有不同文化特质和民族风格的信息使得人们能够从静态思维转向动态思维,从局域性思维转向全局性思维,从封闭性思维转向开放性思维,从单向性思维转向多向性思维。[1]

二、信息论在证据法的运用

证据法的信息论原理主要涉及证据的信息本质和特征。证据是具有知识秉性的,它能消除认识上的不确定性,增加信宿本身的有序性特征。这意味着证据的存在是为了传递某种信息,该信息能被解读并用来确定某种事实或真相。

证据的信息特征包括其内容、表达方式、来源以及在证明过程中的作用。证据的内容通常与特定的案件事实相关,其表达方式可能是文字、图像、声音或其他形式,而其来源可能是人、物或事件。在证明过程中,证据的信息特征对于确定案件事实和适用法律具有关键作用。

此外,证据法还关注证据的收集、保全和审查判断等环节。这些环节都与证据的信息特征密切相关。例如,在收集证据时,

---

[1] 王燕妮主编:《信息论基础与应用》(第2版),北京邮电大学出版社2021年版,第266—267页。

需要通过信息识别和获取来确定哪些信息具有证明价值；在保全证据时，需要确保信息的真实性和完整性；在审查判断证据时，需要对信息的可信度和相关性进行评估。

总之，证据法的信息论原理强调了证据的信息本质和特征，以及这些特征在证明过程中的重要作用。这有助于我们更好地理解和应用证据法，提高司法证明的效率和准确性。

1. 物质交换原理

物质交换原理，又称为"洛卡德物质交换原理"，这一理论最早是在20世纪初由法国著名侦查学家艾德蒙·洛卡德（Edmond Locard，1877—1966年）在其编著的《犯罪侦查学教程》中提出的。埃德蒙·洛卡德博士是法国著名的法庭科学家和侦查学家，他是个固执的学者，穷其一生都在为犯罪现场中物证的取证和鉴定工作努力着。之所以说他"固执"，是因为他一辈子都坚信着那么一件事：犯罪者，必留痕。

洛卡德在20世纪初提出了他最著名的物质交换定律（Locard theory of transfer），这个定律长期以来一直被研究者深入研究并完善，对犯罪现场的实际侦查具有毋庸置疑的指导意义。这一理论认为，犯罪的过程实际上是一个物质交换的过程，作案人作为一个物质实体在实施犯罪的过程中总是与各种各样的物质实体发生接触和互换关系。因此，犯罪案件中物质交换是广泛存在的，是犯罪行为的共生体，这是不以人的意志为转移的规律。

（1）物质交换原理中涉及的物质交换是广义上的，可分为三种类型

第一，痕迹性物质交换，即人体与物体接触后发生的表面形态的交换。如犯罪现场留下的指纹、足迹、作案工具痕迹，以及因搏斗造成的咬痕、抓痕等。

第二,实物性物质交换,又可分为有形物体的物质交换和无形物体的物质交换。前者包括微观物体的互换和宏观物体的互换,微观物体的互换指在犯罪过程中出现的微粒脱落、微粒粘走,如纤维、生物细胞的转移;宏观物体的互换指作案人遗留物品于现场或者从现场带走物品等。后者主要指不同气体的互换,如有毒气体与无毒气体的互换、刺激性气味的遗留等。

第三,印象物质交换。人们头脑中留下的对他人和有关物质的反映形象,通常认为是"印象痕迹"。这种印象痕迹主要是通过耳闻目睹所感知的,在感知过程中,感知者与被感知者是交换关系的客体,感知与被感知是一种交换关系。在这种交换中产生的印象痕迹,主要是通过陈述来获知的。随着科学技术的发展,人的印象痕迹也有不需要人直接感知,而凭借仪器设备"提取"的。如西方国家发明了一种叫"热象捕影"的破案方法。根据红外辐射原理,一切物体,只要它的温度高于绝对零度,就不断地向四周发射红外辐射,因而能被"红外摄像仪"捕捉到。因此,当罪犯作案时,会不可避免地在作案现场留下一个"红外热象",从而为破案提供依据。

(2)物质交换原理的主要内容

一切物体(现场物证)既不会凭空产生,也不会凭空消失,只会从一种形式转换为另一种形式。能量既不会凭空产生,也不会凭空消失,只能从一个物体传递给另一个物体(而且能量的形式也可以互相转换)。物质的交换定律以以上自然界两大守恒定律为原理,因而具有非常可靠的科学基础。

(3)关于理论主体

有A、B两个客观存在的物体,在外力驱动下彼此发生摩擦、碰撞和挤压,这会引起两物体接触面的部分成分脱落,部分脱落的物质会发生交换。可以这么去理解:A为一根铁棒,B

为受害人。A 受到外力驱动（持有铁棒的犯罪人驱动）去打击 B 的头部，A 和 B 接触面发生碰撞挤压（铁棒和头部被打击处皮肤发生接触），A 的接触面沾上了 B 因为损伤而脱落的皮肤、毛发、血迹等，B 的头部接触面也被交换到铁棒留下的微量物质（铁成分等），这就完成了一次完整的物质交换。

（4）理论的三个特性

特征一为该理论必须具有两个客观存在的、相互作用的物体（A 和 B）；特征二为必须有外力驱动（包括人本身的行为力量）；特征三为接触必然存在结果（A 和 B 接触后必然会产生对应的效应，这种效应也必然会使两者原有的状态发生改变，会分别留下、增加、带走某些物质）。

（5）理论的核心和思考

此理论的核心非常简单——"每一个犯罪行为都会留下痕迹"。也就是说，只要发生了犯罪行为，就必然会留下相关痕迹，没有所谓"无痕"的犯罪现场。哪怕很多犯罪者具有一定的反侦查能力，会刻意破坏一些痕迹，但作为代价，这会带来更多的物质交换过程，再次形成各种新的痕迹物证。

物质交换原理有着深厚的科学基础，它反映了客观事物的因果制约规律，体现了能量转换和物质不灭的定律。这一原理对证据科学中的物证技术学有十分重要的指导作用，它是研究微量物证、细致取证的基础。可以说，我们无法知道犯罪过程，但我们可以感受到危险的味道。没有真正完美的犯罪，只有未被发现的线索。

2. 证据信息的传递

根据香农采样定理，从连续信号中抽取若干个瞬间的样本数值，就能由这些抽样值恢复出原来的信号波形。例如，在画曲线时，只要利用数据先确定若干个有限点，然后将这些点平滑地连接起来,就可以得到一条具有一定精度的曲线。这一定理告诉人们,在司法实践中只要有足够的证据信息,司法人员遵循合理的认证规则,就可以根据这些证据样本将案件事实确定下来。信息转移现象、模型和规律表明证据是案件中信息转移和留存的产物,证据信息要经过获取、加工、保管、展示等环节。

(1) 获取证据信息

在信息获取阶段,司法人员需要通过各种手段,将以物质实体为载体的信息(如手印、血迹等物证)、以符号为载体的信息(如书证、证人证言、当事人陈述等)和以波动信号为载体的信息(如视听资料、电子数据等)收集起来,进行证据调查。案件的种类、性质和具体情况不同,证据调查的程序或步骤就有所不同,其中心任务是如何科学有效地寻找与保存案件发生所留下的各种信息,为重建案件事实做准备。

司法实践表明,对于不同的证据信息应当适用不同的获取方法。例如,对于实物证据,司法人员可以提取实物、制作模型、粘取印痕、拍摄音像、制作笔录和委托鉴定等;对于言词证据,司法人员可以询问、讯问、制作笔录和委托鉴定等;对于信息证据,司法人员则主要依靠技术手段进行提取。

对于获取到的证据信息,还要及时地加以存储和保全。存储证据信息的方法很多,主要有实物存储法、纸张存储法、光存储法、声存储法、缩微技术存储法以及计算机存储法等。信息获取方法应当符合如下信息科学的规律:①信息获取应当尽可能全面完整,既要收集物质性信息,也要收集意识性信息等。同案件直接有关的信息与背景信息均要妥善提取,直至形成完整的案件信息链(证据链)。②信息获取应当力求及时扣押信息载体,而当信息载体难以直接扣押时,可以通过转移至其他载体上的方式进行扣押。③信息获取不是一蹴而就的,其中必然存在反复试验与删冗补缺的多个回合。

(2) 优化证据信息

在获取到证据信息以后,要将所收集到的各种证据信息进行优化,即将大量分散的、零乱的、不系统的证据信息进行加工处理,使之成为不同类型的系统化信息,最终为还原案件事实服务。由此便转入到对证据信息的加工处理阶段。

第一,要过滤掉证据信息中的"噪声",消除各种虚假信息和可信度低的信息等。对于收集到的任何证据,都要想办法过滤其中的"噪声"。可以按照经验法则、逻辑法则,对证据信息的真伪进行仔细甄别;也可以通过做现场实验等科学方法,排除违背科学规律的东西;还可以将某一证据信息与其他相关的证据信息结合起来,进行比对分析。有时信息需要返到提供者,即证人、被害人、犯罪嫌疑人、被告人等的面前进行对质,或者送回案发场所中同标的物、使用物和关联物结合起来进行推演。这相当于信息论所说的"信息反馈"。

第二,要对证据信息进行分门归类,弄清楚所获取的证据信息是否齐备完整。这主要是按照法律构成要件对证据进行分组,对每个要件事实进行证明。[1]

(3) 运用证据信息

获取和处理证据信息的最终目的是运用证据信息,为揭示和证明案件事实服务。这是证明机制的最后一环,不过却散见于证据交换、庭审质证等诉讼的各个环节。在证据运用中,会出现证据信息失真的可能。因为证据不能自己走到法庭说明案件真相,而必须借助人的力量才能得到运用,会不可避免地掺

---

[1] 何家弘主编:《证据法学研究》,中国人民大学出版社2007年版,第310—312页。

杂进人的各种主观因素，打上主观世界的烙印。同时，任何证据信息的运用都不是一个瞬间过程，证据信息的形成是由信息转移所致，证据信息的获取、处理和运用会出现信息损耗或添加的现象。依靠证据信息还原案件事实是一项复杂而艰巨的工作，必然会遇到来自当事人、案情复杂程度和诉讼环境诸方面的阻力，从而造成认定案件事实出现偏差。运用失真的信息，就会使证明活动偏离正确的目标。

对于证明标准，龙宗智教授概括为"印证证明模式"，即判断证据认定事实时，强调"孤证不能定案"，要求获得具有内含信息同一性的证据予以相互支持，构成一个稳定的证明结构。"印证证明模式"下证据信息还原分为两种类型：一是直接证据还原模式。定案的证据包括直接证据与间接证据，直接证据所包含的信息能够还原案件事实，而间接证据所包含的信息能够佐证直接证据。二是间接证据锁链还原模式。用于定案的所有证据均是间接证据，这时要求对案件主要事实的各要素均有证据来证明，且其中至少对部分要素的证明有两个以上的证据，它们所蕴含的信息要相互印证。所有证据在整体上具有能够还原案件事实的全部信息，且相互之间不存在矛盾，或者虽存在矛盾但能够被排除。

在此基础上，龙宗智教授又受《当代法学》杂志编辑部的邀请，再次撰文《事实碎片都闪耀着同一事实之母的光芒——论"印证"的机理》，专门就印证的机理进行了更全面、深刻的阐释。文中指出，融贯论是印证证明方法的直接学理根据，符合论亦是印证证明的内在机理解释，而非仅系外在的条件和要求。文中比喻：一件事实发生，留下了一地的事实碎片（证据），虽然各不相同，但每一碎片都闪耀着同样的光芒，因为它们都来自事实之母，遗留了这件事实的痕迹。印证（融贯）关系源于事实本身，这是印证方法具有强大证明能力的关键。虽然相比之下符合论对印证机理的支持不如融贯论那样直接，但它解释了"融贯"的原因，因此具有深刻性。

3. 虚拟现实技术的运用

"虚拟现实示证第一案"

2018年3月1日，在北京市第一中级人民法院审理的一起故意杀人案庭审中，公诉人创造性地在举证示证环节使用了虚拟现实技术（Virtual Reality，VR）进行辅助示证，当庭要求证人戴上虚拟现实眼镜进行作证。证人戴上虚拟现实眼镜后，一边操纵交互手柄进行演示，一边对现场情况作出陈述，与此同时法庭大屏幕同步展示证人在虚拟现实眼镜内所见的内容，庭审参与者得以"目睹"案发全过程。这是全国范围内第一次使用虚拟现实技术进行法庭示证。

虚拟现实技术被认为是近三十年来计算机科学领域最具有前景的技术之一，其目的是通过计算机生成一个三维的虚拟世界，人类能够通过虚拟现实显示器和交互设备对虚拟世界进行观察和互动，并感受虚拟世界反馈的视觉、听觉、触觉等感官信息。利用虚拟现实技术辅助证人、鉴定人等作出言词证据具有较好效果，配合IBR技术可以构建出视觉效果与案发现场完全一致的虚拟案发现场，配合GBMR技术可以构建出几何形状、位置距离信息与案发现场一致的虚拟现场，并可以模拟重演案发过程。

这一技术的特征为：

第一，沉浸性（immersion），给使用者带来身临其境、沉浸其中感，使用者可以完全参与到虚拟现实世界中，并体验到模拟的真实世界或者虚幻构想出来的世界，非常形象和逼真。

第二，交互性（interaction）。使用者通过虚拟现实系统中的一些硬件设备，如数据手套，与虚拟现实世界之间的沟通可以达到与现实世界的沟通一样的效果。基于如表情、头部动作、手势等人体自然技能的交互，使用者可以非常直接地与虚拟现实场景进行互动。

第三，构想性（imagination）。虚拟现实世界可以是虚构出来的，可以与现实世界完全相同，也可以虚实相融，这完全取决于虚拟现实世界构想者想要达成的目标。虚拟现实技术给人类认识世界带来了更多可能，例如，虚拟现实技术可以让法官在法庭上进入虚拟现实案发现场去观察真实现场的细节，也可以通过三维建模技术对发生过的事件进行重新演示，帮助法官做出正确的判断。[1]

利用虚拟现实技术在法庭出示证据的效果非常突出：首先，生动立体。法庭可以通过回到与案发现场一模一样的虚拟空间内，观察虚拟的人体几何模型对案发时在场的犯罪嫌疑人、被害人、证人的身体姿态、位置等进行的演示，将所有控方出示的证据综合起来，融入一个故事中，去验证这个故事可不可能发生，直观地去进行判断。其次，容易理解。百闻不如一见，对一个事物的详细描述，不如直接见到直观。再其次，信息完整。根据证言制作的虚拟案发现场和犯罪过程再现，能避免由三维信息转化为语言、文字导致的信息丢失和残缺，也可以避免宣读笔录的方式导致裁判者在理解时产生歧义或者被人为地断章取义。最后，说服力强。利用虚拟现实技术出示证据会比单纯出示原证据，即虚拟现实情境构建所依靠的证据更具有说服力。

---

［1］ 林秋松：″虚拟现实技术在法庭示证中的应用研究″，中国政法大学 2019 年硕士学位论文。

当然，利用虚拟现实技术出示证据也会存在一定的风险，如证据资格难以界定，缺乏辅助证据、示意证据等相关证据制度规制，可能与原始证据不一致，片面展示，架空非法证据排除规则，有诱导性和采纳意见证据的危险，经济成本比较高等，要注意进行引导和规范。

证据法的科技视角

一、相关科技的新发展

在亚马逊、eBay 兴起之前,颇具开创性的电子商务行为更像地下毒品交易。

——约翰·马可夫(John Markoff)

1. 新兴技术的发展趋势

当前科技快速发展、日新月异,涉及的领域和应用场景也非常广泛。新兴技术主要有:

第一,人工智能技术。人工智能技术已经得到广泛应用,未来将继续快速发展,与物联网、区块链等技术结合,实现更广泛的应用和智能化。

第二,物联网技术。物联网技术正在不断发展,未来将实现更广泛的连接和应用。

第三,区块链技术。区块链技术将继续发展,未来将实现更广泛的应用和普及,与人工智能、物联网等技术结合,实现更高效、更安全的应用。

第四,5G 技术。5G 技术将为人们带来更快速、更稳定的网络连接,实现更广泛的应用和普及。

第五,虚拟现实和增强现实技术。虚拟现实和增强现实技术将继续发展,实现更广泛的应用和普及,为人们带来更真实的体验和更高效的操作方式。

第六，智能家居和智能出行。智能家居和智能出行正逐渐普及，未来将为人们带来更舒适、更便捷的生活和出行体验。

第七，生物识别技术。生物识别技术将继续发展，实现更广泛的应用和普及，为人们带来更安全、更便捷的身份验证和识别方式。

总之，新兴技术的发展趋势是快速的，其涉及的领域和应用场景也非常广泛。未来将继续涌现出更多的新兴技术，为人们带来更多的便利和效益，同时也会带来新的法律问题。

那么，我们应如何应对新兴科学技术带来的挑战呢？

首先，要保持开放心态。对于新兴技术，我们需要保持开放心态，积极探索其应用和发展趋势，以更好地应对挑战。新兴技术不断发展，我们需要不断更新自己的认知，以适应技术的变迁。其一，接受新事物。新兴技术不断发展，我们需要接受新事物，包括新的技术、新的应用等。不要对新兴技术产生抵触和恐惧心理，而是要以积极的态度去了解和接受它们。其二，保持好奇心。新兴技术往往具有很多未知的领域和可能性，我们需要保持好奇心，去探索这些未知的领域和可能性。通过了解和探索，我们可以更好地理解新兴技术，更好地应对挑战。其三，倾听他人意见。针对新兴技术往往存在很多不同的观点和意见，我们需要倾听他人意见，包括专家的观点、同事的看法等。通过倾听他人意见，我们可以更好地了解新兴技术的优缺点，更好地应对挑战。其四，勇于尝试。新兴技术需要我们勇于尝试，通过实践去了解其应用和发展趋势。只有通过实践，才能真正理解新兴技术，才能更好地应对挑战。其五，不断学习。新兴技术不断发展，我们需要不断学习，包括学习新的知识、新的技能等。只有不断学习，才能跟上时代的步伐，才能更好地应对新兴技术带来的挑战。

其次,要建立合作机制。应对新兴技术带来的挑战需要建立合作机制,包括与科学界、产业界、法律界等各方面的合作。通过合作,我们可以共享资源、交流经验、协调政策等,共同推动新兴技术的发展和应用。

再其次,要关注社会问题。新兴技术的应用和发展需要关注社会问题,了解社会的需求和变化,以更好地应对挑战。例如,关注隐私保护、算法偏见等问题,制定相应的政策和规范,确保新兴技术的应用和发展符合社会道德和法律规范。

最后,要做好风险评估和管理。新兴技术的应用和发展可能带来一定的风险和挑战,因此需要做好风险评估和管理。通过评估技术的风险和效益,制定相应的风险管理措施和规范,才能确保新兴技术的应用和发展符合安全和稳定的要求。

2. 人工智能

人工智能(Artificial Intelligence,AI)是研究、开发用于模拟、延伸和扩展人的智能的理论、方法、技术及应用系统的一门新的技术科学。人工智能是新一轮科技革命和产业变革的重要驱动力量。

人工智能是智能学科重要的组成部分,它企图了解智能的实质,并生产出一种新的能以与人类智能相似的方式做出反应的智能机器,该领域的研究包括机器人、语言识别、图像识别、自然语言处理和专家系统等。人工智能从诞生以来,理论和技术日益成熟,应用领域也不断扩大,可以设想,未来人工智能带来的科技产品将会是人类智慧的"容器"。人工智能可以对人的意识、思维的过程进行模拟。虽然人工智能不是人的智能,但能像人那样思考,也可能超过人。

人工智能是一门极富挑战性的学科,从事这项工作的人必须懂得计算机、心理学和哲学等方面的知识。人工智能这门学科所涉及的研究方向十分广泛，它由不同的领域组成，如机器学习、计算机视觉等。总的来说，人工智能研究的一个主要目标是使机器能够胜任一些通常需要人类智能才能完成的复杂工作。但不同的时代、不同的人对这种"复杂工作"的理解是不同的。[1]

（1）研究价值

例如，繁重的科学和工程计算本来是要人脑来承担的，如今计算机不仅能完成这种计算，而且比人脑做得更快、更准确。因此当代人已不再把科学和工程计算看作是"需要人类智能才能完成的复杂任务"。由此可见，对复杂工作的定义是随着时代的发展和技术的进步而变化的。人工智能这门学科的具体目标也随着时代的变化而发展，在获得新的进展的同时，又转向更有意义、更加困难的目标。

通常，"机器学习"的数学基础是"统计学"、"信息论"和"控制论"，还包括其他非数学学科。这类"机器学习"对"经验"的依赖性很强。计算机像普通人一样，需要从解决一类问题的经验中获取知识、学习策略，在遇到类似问题时，运用经验知识解决问题并积累新的经验。我们可以将这样的学习方式称为"连续型学习"。然而，除了从经验中学习之外，人类还会创造，即"跳跃型学习"，这在某些情形下被称为"灵感"或"顿悟"。一直以来，计算机最难学会的就是"顿悟"。或者严格一些来说，计算机在学习和"实践"方面难以学会"不依赖于量变的质变"，其很难从一种"质"直接到另一种"质"，或者从一个"概念"直接到另一个"概念"。因此，这里的"实践"并非同人类一样的实践。人类的实践过程同时包括经验

---

[1] 2017年12月，人工智能入选"2017年度中国媒体十大流行语"。2021年9月25日，为促进人工智能健康发展，我国《新一代人工智能伦理规范》发布。

和创造,这是智能化研究者梦寐以求的东西。

2013年,帝金数据普数中心数据研究员 S.C WANG 开发了一种新的数据分析方法,该方法导出了研究函数性质的新方法。笔者发现,新数据分析方法给计算机学会"创造"提供了一种方法。本质上,这种方法为人的"创造力"的模式化提供了一种相当有效的途径。这种途径是数学赋予的,是普通人无法拥有但计算机可以拥有的"能力"。

(2) 技术研究

用来研究人工智能的主要物质基础以及能够实现人工智能技术平台的机器就是计算机,人工智能的发展历史是和计算机科学技术的发展史联系在一起的。除了计算机科学,人工智能还涉及信息论、控制论、自动化、仿生学、生物学、心理学、数理逻辑、语言学、医学和哲学等多门学科。人工智能学科研究的主要内容包括知识表示、自动推理和搜索方法、机器学习和知识获取、知识处理系统、自然语言理解、计算机视觉、智能机器人、自动程序设计等方面。

(3) 人工智能的影响

第一,对自然科学的影响。在需要使用数学计算机工具解决问题的学科,人工智能带来的帮助不言而喻。更重要的是,人工智能有助于人类最终认识自身智能。

第二,对经济的影响。专家系统深入各行各业,带来巨大的宏观效益。人工智能虽然促进了计算机工业网络的发展,但也带来了劳务就业问题。由于人工智能在科技和工程中的优势,其能够代替人类进行各种技术工作和脑力劳动,造成了社会结构的剧烈变化。

第三,对社会的影响。人工智能为人类文化生活提供了新的模式。现有的游戏将逐步发展为更高智能的交互式文化娱乐,如今，人工智能应用已经深入到各大游戏的开发中。

一个理想的社会是人类与人工智能友好相处的机会。伴随着人工智能和智能机器人的发展，不得不讨论的是，人工智能本身就是超前研究，需要用未来的眼光开展现代的科研，因此很可能触及伦理底线。对于科学研究中可能涉及的敏感问题，需要针对可能产生的冲突提前预防，而不是等问题到了不可解决的时候才去想办法化解。在人工智能发展上首先要做好风险管控，这样发展起来的人工智能才是人类之福。

（4）安全问题

人工智能目前还在研究中，但有学者认为让计算机拥有智商是很危险的，它可能会反抗人类。这种隐患在多部电影中上演过。其关键是允不允许机器产生自主意识并延续，如果机器拥有自主意识，则意味着机器具有与人同等或类似的创造性、自我保护意识、情感和自发行为。因此，人工智能的安全可控问题要从技术层面来解决。随着技术的成熟，监管形式逐步发生变化，但人工智能必须接受人工监管的本质不能改变。

（5）伦理规范

2021年9月25日，2021中关村论坛在中关村国家自主创新示范区展示中心举行全体会议，会上国家新一代人工智能治理专业委员会发布了《新一代人工智能伦理规范》，旨在将伦理融入人工智能全生命周期，为从事人工智能相关活动的自然人、法人和其他相关机构等提供伦理指引，促进人工智能健康发展。

2023年3月29日，英国政府发布了针对人工智能产业监管的白皮书，概述了针对ChatGPT等人工智能治理的五项原则：安全性和稳健性、透明度和可解释性、公平性、问责制和管理、可竞争性。接下来，监管机构将向相关组织发布实用指南以及风险评估模板等其他工具，制定基于五项原则的一些具体规则，也将在议会推动立法,制定具体的人工智能法案。企业应该解释何时以及如何使用人工智能,并透露系统的决策过程,以"暴露"使用人工智能所带来的风险。

3. 区块链

区块链,就是一个又一个区块组成的链条。每一个区块中保存了一定的信息,它们按照各自产生的时间顺序连接成链条。这个链条被保存在所有的服务器中,只要整个系统中有一台服务器可以工作,整条区块链就是安全的。这些服务器在区块链系统中被称为节点,它们为整个区块链系统提供存储空间和算力支持。如果要修改区块链中的信息,必须征得半数以上节点的同意并修改所有节点中的信息,而这些节点通常掌握在不同的主体手中,因此篡改区块链中的信息是一件极其困难的事。相比于传统的网络,区块链具有两大核心特点:一是数据难以被篡改,二是去中心化。基于这两个特点,区块链所记录的信息更加真实可靠,可以帮助解决人们互不信任的问题。

区块链起源于比特币,2008年11月1日,一位自称中本聪(Satoshi Nakamoto)的人发表了《比特币:一种点对点的电子现金系统》一文,阐述了基于P2P网络技术、加密技术、时间戳技术、区块链技术等的电子现金系统的构架理念,这标志着比特币的诞生。两个月后理论步入实践,2009年1月3日,第一个序号为"0"的创世区块诞生。2009年1月9日,出现序号为"1"的区块,并与序号为"0"的创世区块相连接形成了链,标志着区块链的诞生。

为进一步加强区块链在司法领域的应用,充分发挥区块链在促进司法公信、服务社会治理、防范化解风险、推动高质量发展等方面的作用,最高人民法院在充分调研、广泛征求意见、多方论证基础上,制定《最高人民法院关于加强区块链司法应用的意见》，并于 2022 年 5 月 23 日发布。该意见包括七个部分 32 条内容，明确了人民法院加强区块链司法应用总体要求及人民法院区块链平台建设要求，提出了区块链技术在提升司法公信力、提高司法效率、增强司法协同能力、服务经济社会治理这四个方面典型场景的应用方向，明确了区块链应用保障措施。

（1）区块链的特征

第一，去中心化。区块链技术不依赖额外的第三方管理机构或硬件设施，没有中心管制，除了自成一体的区块链本身，通过分布式核算和存储，各个节点实现了信息验证、传递和管理。去中心化是区块链最突出、最本质的特征。

第二，开放性。区块链技术基础是开源的，除了交易各方的私有信息被加密，区块链的数据对所有人开放，任何人都可以通过公开的接口查询区块链数据和开发相关应用，因此整个系统信息高度透明。

第三，独立性。基于协商一致的规范和协议（类似比特币采用的哈希算法等各种数学算法），整个区块链系统不依赖其他第三方，所有节点能够在系统内自动安全地验证、交换数据，不需要任何人为的干预。

第四，安全性。只要不能掌控全部数据节点的 51%，就无法肆意操控修改网络数据，这使区块链本身变得相对安全，避免了主观人为的数据变更。

第五，匿名性。除非有法律规范要求，单从技术上来讲，各区块节点的身份信息不需要公开或验证，信息传递可以匿名进行。

（2）区块链的架构模型

一般说来，区块链系统由数据层、网络层、共识层、激励层、合约层和应用层组成。其中，数据层封装了底层数据区块以及相关的数据加密和时间戳等基础数据和基本算法；网络层则包括分布式组网机制、数据传播机制和数据验证机制等；共识层主要封装网络节点的各类共识算法；激励层将经济因素集成到区块链技术体系中来，主要包括经济激励的发行机制和分配机制等；合约层主要封装各类脚本、算法和智能合约，是区块链可编程性的基础；应用层则封装了区块链的各种应用场景和案例。该模型中，基于时间戳的链式区块结构、分布式节点的共识机制，基于共识算力的经济激励和灵活可编程的智能合约是区块链技术最具代表性的创新点。

（3）区块链的核心技术

第一，分布式账本。分布式账本指的是交易记账由分布在不同地方的多个节点共同完成，而且每一个节点记录的是完整的账目，因此它们可以监督交易合法性，同时也可以共同为其作证。

跟传统的分布式存储有所不同，区块链的分布式存储的独特性主要体现在两个方面：一是区块链每个节点都按照块链式结构存储完整的数据，而传统分布式存储一般是将数据按照一定的规则分成多份进行存储。二是区块链每个节点的存储都是独立的、地位等同的，依靠共识机制保证存储的一致性，而传统分布式存储一般是通过中心节点往其他备份节点同步数据。区块链中，没有任何一个节点可以单独记录账本数据，从而避免了单一记账人被控制或者被贿赂而记假账的可能性。由于记账节点足够多，除非所有的节点都被破坏，否则账目不会丢失，从而保证了账目数据的安全性。

第二，非对称加密。存储在区块链上的交易信息是公开的，但是账户身份信息是高度加密的，只有在数据拥有者授权的情况下才能访问，从而保证了数据的安全和个人隐私。

第三，共识机制。共识机制就是所有记账节点之间怎么达成共识，去认定一个记录的有效性，这既是认定的手段，也是防止篡改的手段。区块链提出了四种不同的共识机制适用于不同的应用场景，在效率和安全性之间取得平衡。

区块链的共识机制具备"少数服从多数"以及"人人平等"的特点，其中"少数服从多数"并不完全指节点个数，也可以是计算能力、股权数或者其他的计算机可以比较的特征量。"人人平等"是当节点满足条件时，所有节点都有权优先提出共识结果、直接被其他节点认同并有可能成为最终共识结果。以比特币为例，其采用的是工作量证明，只有在控制了全网超过51%记账节点的情况下，才有可能伪造出一条不存在的记录。而当加入区块链的节点足够多的时候，伪造记录基本上不可能，从而杜绝了造假的可能。

第四，智能合约。智能合约是基于可信的不可篡改的数据，自动化地执行一些预先定义好的规则和条款。以保险为例，如果每个人的信息（包括医疗信息和风险发生的信息）都是真实可信的，对一些标准化的保险产品进行自动化的理赔就很容易。保险公司的日常业务虽然不像银行业和证券业那样频繁，但是对可信数据的依赖是有增无减的。因此，笔者认为利用区块链技术，从数据管理的角度切入，能够有效地帮助保险公司提高风险管理能力。具体来讲主要分为投保人风险管理和保险公司的风险监督。

(4) 区块链面临的挑战

从实践进展来看，区块链技术在商业银行的应用大部分仍在构想和测试之中，距离在生活、生产中的运用还有很长的路，而要获得监管部门和市场的认可也面临不少困难。

第一，受到现行观念、制度、法律制约。区块链去中心化、自我管理、集体维护的特性颠覆了人们生产生活方式，淡化了国家、监管概念，冲击了现行法律安排。对于这些，整个世界完全缺少理论准备和制度探讨。即使是区块链应用最成熟的比特币，不同国家的态度也不相同，这不可避免地阻碍了区块链技术的应用与发展。解决这类问题，显然还有很长的路要走。

第二，在技术层面，区块链尚需突破性进展。区块链应用尚在实验室初创开发阶段，没有直观可用的成熟产品。相比于互联网技术，人们可以用浏览器、APP等具体应用程序实现信息的浏览、传递、交换和应用，但区块链明显缺乏这类突破性的应用程序。再如，区块容量问题。由于区块链需要承载之前产生的全部信息，下一个区块信息量要大于之前区块信息量，这样传递下去，区块写入信息会无限增大，由此带来的信息存储、验证、容量问题有待解决。

第三，竞争性技术挑战。虽然很多人看好区块链技术，但推动人类发展的技术有很多种，哪种技术更方便、更高效，人们就会应用该技术。比如，在通信领域应用区块链技术，每次发信息时是发给全网所有人，但是只有拥有私钥的人才能解密打开信件，这样信息传递的安全性大大增加。然而，量子技术也可以做到，量子通信——利用量子纠缠效应进行信息传递——同样具有高效安全的特点，近年来更是取得了不小的进展，相较于区块链技术具有更强的竞争优势。

二、微信证据的提取和审查判断

思索你口袋中或钱包里的智能手机：它自如地应对一个不断变得越来越复杂的环境。然而，它取得这一成就的方式却变得更简单、更优化并且更廉价。为什么这不能发生在我们的司法系统中呢？

——吉列安·哈德菲尔德（Gillian K. Hadfield）

电子数据是我国法律新确立的证据形式，包括下列信息、电子文件：①网页、博客、微博等网络平台发布的信息；②手机短信、电子邮件、即时通信、通讯群组等网络应用服务的通信信息；③用户注册信息、身份认证信息、电子交易记录、通信记录、登录日志等信息；④文档、图片、音频、视频、数字证书、计算机程序等电子文件；⑤其他以数字化形式存储、处理、传输的能够证明案件事实的信息、电子文件。微信（WeChat）作为电子数据的一种形式，被看作微博和短信的结合体，是人们日常交流的重要途径，其提取、保存、审查和认定要遵循科学和法律的规则。

1. 微信证据的表现形式

微信证据的呈现形式对于其作为证据的资格有着至关重要的影响。根据其形成方式，微信记录主要分为以下几类。

第一，文字记录。这包括微信好友之间的聊天记录、朋友圈发布的文字、发送的文本文件和公众号发布的文章等以文字形式存在的信息。这类记录在微信中最为常见，如我们常说的"微信借条"。

第二，图片记录。这类记录包括与微信好友聊天、发布朋友圈和公众号时产生的各类图片，以及转载、制作、拍摄的图片和使用的各类表情。

第三，语音记录。包括在微信聊天、发布的朋友圈和公众号文章中以语音形式存在的信息。

第四，视频记录。包括与微信好友聊天、发布朋友圈和微信公众号时产生的视频。

第五，网络链接记录。这些链接是发送给其他人的网络链接，其内容通常由第三方或者发送方提前制作。

第六，支付转账信息。这类信息主要在使用微信支付、转账、红包功能时产生。

以上类型的微信记录在一定条件下，都有可能具备证据资格，从而在法律纠纷中发挥重要作用。

2. 微信证据的保全

腾讯公司曾公开发表声明，微信不留存任何用户的聊天记录，聊天内容只存储在用户的手机、电脑等终端设备。由此可见，微信证据的留存还是要依靠我们自己。

对于微信内的图片，一定要将图片与其他记录整体进行公证，不建议单独对图片进行保全公证。

视频具有直观反映事实的作用，通常使用者自行拍摄的视频更有证明力，转载或者制作的视频因为不知道原始出处或者有后期编辑的痕迹，通常证明力不如自行拍摄的视频。在办理保全公证时，要注意对视频形成方式的审查。对此类微信记录宜采取刻录的方式进行提取和固定证据。

微信语音作为存储在电子介质中的录音资料，适用电子数据的规定，但不能作为单独定案的依据。微信语音具备证明效力应当符合以下条件：保存原始记录；内容须客观、真实、连贯；微信语音中记载的内容清晰、准确，双方就所谈论的问题均有明确表态。由于微信语音存在易改变、难识别等特性，以其单独作为证明依据有时并不充分，故除微信语音外，还应充分提供其他证据佐证。

通过微信传输的文件如果不及时保存会失效，还有一些网络链接等，在保全时除上述步骤外，还要保全打开后的文本文件或网络链接内容。单独仅保全下载后的文本文件或者网络链接无法证实真实性和关联性，可能不会被法院采纳。

一旦有金钱往来，微信记录必须保存原始记录，仅有截屏会无法证明真实性，转账记录等要注意保留，不要随意删除。

发生金钱往来时，一是要注意明确对方身份；二是要明确用途，备注时注明转账用途；三是要保留好记录。此外，还可以辅助电话录音、催款短信、借条等证据，形成相互补充印证的证据链条。

3. 法庭上展示微信证据的方式

当事人应确保微信的原始载体得以保存，以便在法庭上出示。这些原始载体应包括储存有电子数据的手机、计算机或其他电子设备。在法庭要求出示微信的原始载体或登录软件以展示电子证据时，应遵循以下步骤，并确保与固定电子证据形成的图片、音频、视频保持一致。

第一，由账户持有人登录微信，并展示登录所使用的账户名称。

第二，在通讯录中查找对方用户并点击查看个人信息，展示个人信息界面显示的备注名称、昵称、微信号、手机号等具有身份指向性的内容。

第三，在个人信息界面点击"发消息"进入通信对话框，逐一展示对话过程中生成的信息内容。对于文本文件、图片、音频、视频、转账或发红包内容，应点击打开展示。

第四，展示转账信息时，应点击通信对话框中的聊天详情——查看转账记录，展示转账支付信息。

第五，如果提供的电子证据属于对话记录（包括文字、音频、视频），应完整地反映在对话过程中。与案件事实有关的内容不得选择性提供，法庭可以要求补充提供指定期间内的完整对话记录。如果故意选择性提供对话记录内容，将承担相应的法律后果。

4. 微信证据认定的难点

第一，用户真实身份识别难。微信账号存在多种登录方式，包括微信号、QQ号、邮箱和手机号,但缺乏实名认证,导致注册人的真实身份难以确定。同时,一个人可以同时注册多个账户,使得账号实际使用者难以确定。此外,头像和昵称等个人信息展示内容均可以使用任何图片和文字,且可随意更换,因此难以识别使用者的真实身份。

第二,微信证据固定导出难。目前实践中大多采取截屏打印的方式进行导出,但其中可能包含图片、语音、视频等多种形式,完整地提取和展示较为困难。同时,在证据审核过程中,往往受限于导出证据的时间段,难以展示整个时间段中微信交流的内容。

第三,真实完整甄别手段少。按照电子证据的认定规则,要确保其真实性、完整性需要专门鉴定机构、公证机构的辅助。然而,目前极少有委托鉴定机构甄别或对微信证据进行公证的情况,亦较难取得软件供应商的技术性辅助。[1]

第四,单一证据证明效力低。由于微信证据的真实性和关

---

[1]《最高人民法院关于民事诉讼证据的若干规定》第93条规定:"人民法院对于电子数据的真实性,应当结合下列因素综合判断:(一)电子数据的生成、存储、传输所依赖的计算机系统的硬件、软件环境是否完整、可靠;(二)电子数据的生成、存储、传输所依赖的计算机系统的硬件、软件环境是否处于正常运行状态,或者不处于正常运行状态时对电子数据的生成、存储、传输是否有影响;(三)电子数据的生成、存储、传输所依赖的计算机系统的硬件、软件环境是否具备有效的防止出错的监测、核查手段;(四)电子数据是否被完整地保存、传输、提取,保存、传输、提取的方法是否可靠;(五)电子数据是否在正常的往来活动中形成和存储;(六)保存、传输、提取电子数据的主体是否适当;(七)影响电子数据完整性和可靠性的其他因素。人民法院认为有必要的,可以通过鉴定或者勘验等方法,审查判断电子数据的真实性。"第94条规定:"电子数据存在下列情形的,人民法院可以确认其真实性,但有足以反驳的相反证据的除外:(一)由当事人提交或者保管的于己不利的电子数据;(二)由记录和保存电子数据的中立第三方平台提供或者确认的;(三)在正常业务活动中形成的;(四)以档案管理方式保管的;(五)以当事人约定的方式保存、传输、提取的。电子数据的内容经公证机关公证的,人民法院应当确认其真实性,但有相反证据足以推翻的除外。"

联性难以认定，微信证据是否可以被采纳往往需要通过与其他证据相结合来判断。同时，微信聊天内容常为表情、图片、文字、符号交叉，文字又存在口语化表达等情况，也为对其真实意思的认定带来困难。因此，单一的微信证据往往证明效力较低。

5. 微信证据的认证

（1）确认聊天对象的身份

为了确保微信聊天记录的证据有效性，首先要确认聊天对象的身份。当事人需要提供包含头像、昵称、微信号、备注、标签、电话等内容的信息页，以建立与聊天对象的关联，并帮助确定对话者的身份及其与本案的关联度。在双方使用昵称的情况下，应标注真实姓名以及与当事人的关系。而在微信群聊中，要明确发言者的权限，确认其能否代表原告或被告一方。只有具备相应权限的发言者，其言论才具有证明效力。若当事人的身份存在疑点，法院可向微信运营商进行调查核实。

（2）确保聊天内容的完整性、准确性和重要性

微信聊天记录应具备完整性、准确性和重要性。具体而言，当事人提交的聊天记录中不应有删除的信息，特别是对对方有利而对自己不利的信息。同时，提交的聊天记录应在一个时间段内保持连续，确保对话的连贯性和完整性。另外，聊天记录中的语音、视频、图片等信息应明确且与案情相关。对于关键性对话，应进行标注或罗列，以便对方注意并方便法官进行针对性调查。

（3）准确探寻当事人的真实意思表示

在解读当事人的真实意思表示时，应遵循以下原则：首先，要联系对话的上下文来理解。在双方通过微信沟通的过程中，可能存在前后矛盾的陈述。因此，法官在认定当事人是否达成

合意时，需要结合对话的上下文进行综合判断。其次，基于普通大众的认知来解读。微信聊天记录是日常对话的文字记载，其含义应当符合一般公众的认知。尤其在当事人使用表情符号时，解读应当符合普遍认知，不宜过度解读。最后，综合全案证据进行认定。虽然微信聊天记录是原始证据，但其真实性仍需结合全案其他证据进行综合判断。例如，在涉及设备质量问题的案件中，仅凭买受人在微信中告知出卖人设备存在问题是不够的，法官还需要结合其他充分证据来认定设备是否存在质量问题。

三、数字治理与数字正义

> 日益发达的科学技术让监听披上了新的外衣。
> ——克利福德·斯托尔（Clifford Stoll）
> 《杜鹃蛋：电脑间谍案曝光录》

随着科技的快速发展，我们正在迈入数字社会。数字治理是指利用数字技术对社会发展进行管理和规范。随着数字化技术的不断发展和应用，数字治理已经成为社会治理的重要组成部分。而数字正义（digital justice）则是指在数字技术的开发和应用过程中，保障公民的权益和利益，实现公正和公平。数字治理和数字正义相互促进，数字正义是数字治理的核心价值。

1. 数字治理

数字治理是一种将现代数字化技术与治理理论融合的新型治理模式，通过数字技术赋能政府、优化治理，提升人民群众在数字时代的获得感、幸福感和安全感。数字治理通常包括大数据、人工智能等技术，以及数字化平台、数字化应用等工具，旨在提高治理效率、优化公共服务、促进经济发展等。

数字治理的具体实践包括：①数字化平台建设。建立数字化平台，整合各部门、各行业的数据资源，实现数据共享和信息交流，提高治理效率和服务质量。②数字化应用开发。根据实际需求，开发数字化应用，如移动应用、在线服务等，方便公众获取信息和办理业务，提高公共服务的便捷性和高效性。③数据共享和开放。通过数据共享和开放，促进数据的流通和利用，挖掘数据的潜在价值，为政府决策和社会发展提供支持。④数字化监管和评估。利用数字化技术，实现对政府部门的监管和评估，提高政府工作的透明度和公信力，促进政府与公众的互动和沟通。

数字治理具有广泛的应用场景，以下是一些具体的应用场景。

第一，智慧城市。数字治理可以通过数字化技术，优化城市管理、提高城市服务水平，打造智慧城市。如，通过数字化平台，实现城市资源的智能化配置，提高城市交通、环保、安全等方面的管理效率。

第二，公共卫生。数字治理可以通过数字化技术，实现健康管理等方面的智能化，提高公共卫生服务水平。如，通过数字化平台，实现疾病信息的实时共享和交流，提高疾病的治疗效果。

第三，社会治理。数字治理可以通过数字化技术，实现社会问题的精准识别和分析，提高社会治理的精准性和效果。如，通过大数据分析，实现对社会问题的精准研判和预警，提高社会治理的预见性和针对性。

第四，经济发展。数字治理可以通过数字化技术，促进数字经济的发展，带动产业升级和转型。如，通过数字化平台，实现企业信息的实时共享和交流，提高企业的竞争力和市场占有率。

第五,教育文化。数字治理可以通过数字化技术,优化教育文化服务,提高教育文化的发展质量和效益。如,通过数字化平台,实现优质教育资源的共享和交流,促进教育公平和文化多样性的发展。

第六,环境保护。数字治理可以通过数字化技术,实现环境监测、污染治理等方面的智能化,提高环境保护服务水平。如,通过数字化平台,实现环境数据的实时监测和分析,提高环境保护的预见性和针对性。

数字治理的意义在于:①提高治理效率。数字技术的应用可以大大提高治理效率,减少人力成本,提高决策的科学性和准确性。②优化公共服务。数字化平台和应用可以提供更加便捷、高效、个性化的公共服务,满足公众的需求。③促进经济发展。数字治理可以促进数字经济的发展,带动产业升级和转型,提高经济发展的质量和效益。④增强社会参与。数字化平台和应用可以增强社会参与度,促进社会互动和交流,提高社会的和谐度和稳定性。⑤实现精准治理。数字治理可以通过数字化技术,实现对社会问题的精准识别和分析,提高治理的精准性和效果。⑥降低管理成本。数字治理可以通过数字化技术,优化管理流程,减少人力成本和管理成本。⑦提高数据安全性。数字治理可以通过数字化技术,提高数据的安全性和保密性,保障公众的信息安全和隐私权益。

总之,数字治理具有提高治理效率、优化公共服务、促进经济发展、增强社会参与、实现精准治理、降低管理成本和提高数据安全性等优势,是一种新型的治理模式,正在被政府和越来越多的组织采用。

2. 数字治理中的不公问题

数字治理在给人们带来极大便利的同时,也会存在不公问题，危害后果也很严重，会导致：①社会不公和信任危机。数字平台可能会滥用用户数据，侵犯用户隐私，这会对用户的个人信息安全和隐私造成威胁。同时，如果数字治理不公，公众将对数字治理的公正性和公平性产生怀疑和不信任，数字治理的公信力就会下降，这会对数字治理的实施和效果产生负面影响。②市场垄断和不正当竞争。一些数字平台可能会利用自身的优势进行不正当竞争，操纵市场价格或排挤竞争对手，这会对市场竞争和消费者利益造成损害。同时，数字治理的不公问题可能会对创新和发展造成负面影响。③数字鸿沟扩大。一些人可能能够享受数字技术的便利和效益，而另一些人则可能无法享受这些好处，这会导致社会不平等问题的加剧。同时，这也可能会导致数字技术的普及和应用受到限制，对经济发展和社会进步产生阻碍。④国家安全和主权受到威胁。一些数字平台可能会对国家的政治、经济、文化等方面产生负面影响，甚至可能对国家的安全和主权造成威胁。因此，数字治理中的不公问题需要得到重视和有效解决，以确保数字技术的普及和应用能够更好地服务于经济和社会的发展。同时，也需要加强对数字治理的监管和管理，建立健全数字治理机制和法律法规，保障公众的利益和权益。

在评估数字治理中的不公问题时，需要注意以下几点：首先，保证评估的客观性和公正性，避免主观臆断和偏见影响评估结果。其次，保证数据来源的可靠性和准确性，以便得出更加准确和客观的评估结果。再其次，采用科学、可行、有效的评估方法，以便得出更加准确、客观、全面的评估结果。最后，保证评估结果的可解释性和可操作性，以便为相关决策提供科学依据和指导。

数字治理不公的来源可能有很多方面，主要有：①技术原因。数字治理涉及技术的应用和推广，而技术的应用和推广本身就存在着不公问题。例如，数字技术的普及和应用存在着差异，一些地区、群体和行业可能无法享受数字技术的便利和效益。②制度原因。数字治理的制度和政策不完善，缺乏有效的监管和管理机制，导致一些人或企业能够通过不正当手段获取利益，或者通过操纵市场价格等手段进行不正当竞争，造成市场垄断和不公问题的出现。③利益关系。数字治理涉及利益关系的调整和平衡，而不同的人和企业之间的利益关系是复杂和多样化的。一些人或企业可能会出于自身利益的考虑，采取不正当手段来获取利益，或者通过抵制改革等手段来维护自己的既得利益，从而导致数字治理的不公问题。④社会认知。数字治理的实施需要公众的参与和支持，而公众对数字治理的认识和理解程度也会影响数字治理的实施效果。如果公众对数字治理缺乏了解和信任，或者对数字治理的效果持怀疑态度，那么就可能导致数字治理不公问题的出现。

数字治理中的不公问题是一个复杂的问题，需要采取多种措施来应对。以下是一些应对措施。

首先，建立公正的数字治理框架，明确数字治理的原则、标准和程序，确保数字治理的公正性和透明度。要加强对数字平台的监管力度，防止数字平台滥用数据、侵犯用户权益和操纵市场。同时，要加强对数字治理的监督和评估，及时发现和纠正不公问题。

其次，强化数据安全保障，保护用户数据的安全和隐私。同时，要建立数据泄露事件的应急响应机制，及时处理和披露数据泄露事件。要推动数字包容性发展，确保不同群体都能享受数字技术带来的便利和效益。同时，要关注数字鸿沟问题，采取措施缩小数字鸿沟，让更多人受益于数字技术的发展。

在数字治理中,保护个人隐私的措施主要有:①制定隐私政策和规定。政府和企业应该制定明确的隐私政策和规定,明确收集、使用和共享个人信息的范围和目的,并告知用户相关隐私政策和规定。同时,应该只收集必要的个人信息,避免收集无关的信息。②加强数据加密和安全措施。政府和企业应该加强数据加密和安全措施,防止个人数据被窃取或泄露。例如,使用强密码、加密存储、访问控制等措施来保护个人数据的安全。③限制数据共享和使用。政府和企业应该限制个人数据的共享和使用范围,确保只有经过授权的人员可以访问和使用个人数据。同时,应该避免将个人数据泄露给第三方或用于不合法或不当目的。④建立投诉和举报机制。政府和企业应该建立投诉和举报机制,方便用户对侵犯个人隐私的行为进行投诉和举报。同时,应该及时处理用户投诉和举报,并给予相应的回应和处理。

再其次,加强公众教育和参与,让更多人了解数字治理的重要性和影响。要鼓励公众积极参与数字治理的决策和监督过程,促进数字治理的公正和透明。具体而言:①加强宣传和教育。通过各种渠道和形式加强对数字治理的宣传和教育,提高公众对数字治理的认识和理解,增强公众的数字治理意识和能力。②建立互动平台。建立数字治理的互动平台,鼓励公众通过平台参与数字治理的讨论、建言献策和进行监督,让公众能够更加便捷地参与到数字治理中来。③公开透明。提高数字治理的公开透明度,及时向公众公开数字治理的相关信息,增强公众对数字治理的信任度和参与度。④完善参与机制。完善数字治理的参与机制,为公众提供多种参与方式和渠道,包括在线调查、意见征集、听证会等,让公众能够更加方便地参与到数字治理中来。⑤激发公众积极性。通过各种手段和形式,激发公众参与数字治理的积极性,提高公众的参与意愿和参与度。例如,可以设立奖励机制、开展公益活动等。⑥加强反馈和回应。对于公众的参与和建议,要及时给予反馈和回应,对于存在的问题和不足,要积极采取措施进行改进和完善,增强公众对数字治理的信任度和参与度。

最后,促进政府、企业、社会组织和个人等多方合作,共同应对数字治理中的不公问题。只有各方共同努力,才能实现数字治理的公正和公平。

3. 数字正义

数字正义是人类发展到数字社会对公平正义更高水平的需求的体现,是数字社会司法文明的重要组成部分,是互联网司法的最高价值目标。它以保护数字社会主体合法权益为出发点,以激励和保护数字经济依法有序发展为原则,以互联网司法模式的深度改革和高度发展为保障,以多方联动的数字治理为手段,以满足数字经济高质量发展对司法的新需求、规范数字空间秩序和数字技术应用伦理、消减因数字技术发展带来的数字鸿沟,进而实现数字社会更高水平的公平正义为目标。

数字正义对数字社会的影响主要体现在以下几个方面:①保障公民权益。数字正义是保障公民在数字社会中权益的重要手段。随着互联网和数字技术的快速发展,人们在数字空间的活动越来越频繁,数字空间中的权益也越来越重要。数字正义通过规范数字空间秩序和保障公民合法权益,为数字社会的稳定和健康发展提供了基础保障。②促进数字经济发展。数字正义是促进数字经济发展的重要因素。在数字社会中,数据成为一种重要的生产要素,而数据的获取、使用和保护都需要遵循一定的规则和原则。数字正义通过规范数据的获取、使用和保护等行为,为数字经济的发展提供了法律保障和制度支持。

③推动数字治理创新。数字正义是推动数字治理创新的重要动力。随着数字社会的不断发展,传统的治理模式已经无法适应数字时代的需求,需要不断创新和完善。数字正义通过引入互联网技术和在线诉讼规则等新型制度,推动了数字治理的创新和发展,提高了治理效率和公正性。④增强社会信任。数字正义是增强社会信任的重要途径。在数字社会中,人们之间的相互信任是维护社会稳定和促进经济发展的重要因素之一。数字正义通过保障公民权益、促进数字经济发展和推动数字治理创新等手段,增强了社会信任,为数字社会的稳定和健康发展提供了有力支持。

近年来,数字正义的具体实践案例有很多。

例1:徐玉玉案。2016年,徐玉玉被电信诈骗导致心脏骤停不幸离世。该案引发了社会对电信诈骗和网络安全问题的关注,推动了相关部门对电信行业监管和法律制度的完善。

例2:杭州健康码。2020年初,杭州市政府推出了健康码系统,通过数字化手段对市民的出行和健康状况进行管理。该系统在保障市民的健康和出行安全方面发挥了重要作用,也为数字化治理提供了成功的案例。

例3:赵泽良诉百度案。2016年,学者赵泽良因发现"百度推广"以1000元的价格出售"雅礼中学吧"吧主管理权而起诉百度。该案引发了社会对网络平台管理和权益保障的关注,推动了相关法律的完善。

例4:快播传播淫秽物品牟利案。快播公司在其平台上大规模传播淫秽物品,给社会带来严重危害。该案引发了社会对网络平台内容和监管问题的关注,推动了相关部门对网络平台的监管和法律的完善。

例5:魏则西事件。2016年,大学生魏则西在百度搜索上看到"武警北京总队第二医院"能够治疗癌症,但实际治疗无效导致其死亡。该事件引发了社会对网络平台信息真实性和监管问题的关注,推动了相关部门对网络平台的管理和法律的完善。

这些案例都是数字正义的具体实践,它们通过不同的方式保障了公民的权益和利益,推动了数字治理的创新和发展。

实现数字正义要坚持以下几个原则:①尊重和保护人身权利。数字正义要求尊重和保护每个人的基本人身权利,包括言论自由、信息自由、隐私权等。在数字社会中,人们的个人信息和数据被广泛收集和使用,因此,数字正义要求规范数据的获取和使用,保障公民的合法权益。②平等和无歧视。数字正义要求在数字社会中实现平等和无歧视。这意味着每个人应该享有平等的权利和机会,不因种族、性别、社会经济地位等因素而受到歧视。③公开和透明。数字正义要求公开和透明。在数字社会中,信息的传播和获取变得异常便捷,因此,政府和企业应该公开其政策和决策,让公众了解其运作和行为。④尊重知识产权。数字正义要求尊重知识产权。在数字社会中,知识产权的保护变得尤为重要。因此,数字正义要求规范数据的获取和使用,保障知识产权人的合法权益。⑤保障网络安全。数字正义要求保障网络安全。在数字社会中,网络安全是保障公民权益的重要方面之一。因此,数字正义要求政府和企业采取措施保障网络安全,防止黑客攻击和网络犯罪。⑥合作和包容。数字正义要求合作和包容。在数字社会中,各种利益相关者需要合作和协调,以实现共同的目标和利益。同时,数字正义也要求包容不同的观点和利益诉求,以实现社会的公正和平等。

然而,当前实现数字正义面临着多方面的挑战和困难,具体包括以下几个方面。

第一，技术难题。数字技术发展迅速，而相关法律、制度等调整则相对滞后。这导致了一些技术应用在实践中存在合法性和合规性的问题，如数据隐私保护、算法公平性、人工智能的伦理等。

第二，数据鸿沟。数字技术的发展带来了数据资源，但同时也造成了数据鸿沟。一些人能够获得更多的数字资源，而另一些人则可能被排除在外，这加剧了社会的不平等。

第三，算法歧视。算法的设计和使用可能会存在偏见和歧视，例如，在人工智能的决策过程中可能存在性别、种族、民族等偏见。算法歧视问题的根源可以包括以下几个方面。

其一，数据偏差。算法训练和验证所使用的数据集可能存在偏差，导致算法在某些特定人群中表现不佳。数据偏差可能是由于数据收集过程中的偏见、数据来源的局限性或其他因素造成的。

其二，模型偏差。算法模型可能存在偏差，导致在某些特定人群中表现不佳。模型偏差可能是由于算法设计过程中的偏见、模型本身的局限性或其他因素造成的。

其三，偏见编码。算法可能存在偏见编码，导致在某些特定人群中表现不佳。偏见编码可能是由于算法设计者或使用者的偏见、文化背景或社会环境等因素造成的。

其四，人为因素。算法设计者或使用者可能存在偏见，导致算法在某些特定人群中表现不佳。人为因素可能包括个人的文化背景、价值观、经验等，这些因素可能影响算法的设计和使用过程。

其五，数据和模型的滥用。利用数据和模型来维护和加深现有的社会歧视。这可能是由利益驱动、意识形态等造成的，也可能是缺乏监管和监督机制导致的。

其六，数据和模型的缺陷。缺少数据或模型不能完全反映复杂的社会现实，因此会导致歧视。这可能与数据的质量、完整性、多样性等因素有关，也可能与模型的设计、训练和使用过程有关。

需要注意的是，算法歧视问题的根源可能不是单一因素造成的，而是多个因素相互作用的结果。此外，不同国家和地区的算法歧视问题也可能存在差异，与当地的社会文化、政策法规等因素有关。

第四，隐私保护。数字技术使个人信息的收集和使用更加普遍，但这也带来了隐私保护的问题。如何在保证个人信息合理利用的同时，防止个人信息被滥用和侵犯，是一个亟待解决的问题。

第五，数字身份。数字技术的发展使数字身份成为越来越重要的身份标识，但这也带来了数字身份的认同和安全问题。如何保证数字身份的安全和可信，防止数字身份被盗用和滥用，是一个需要解决的问题。

第六，监管难度。数字技术的复杂性和快速变化使监管难度加大。如何制定有效的法律法规和监管措施以保障数字正义的实现，是一个具有挑战性的问题。

4. 如何实现数字正义

第一，要完善数字法律法规。制定适应数字时代的法律法规，对数字犯罪、网络安全、个人信息保护等方面进行规范，确保数字社会的安全和秩序。

第二，要确立数据权属及保护规则。明确数据的所有权、使用权、经营权、收益权等权利，以及数据的类型化、确权、采集、共享、分析处理、分级保护、跨境流通等问题，为数据治理提供制度规范和裁判规则。具体而言：

其一，明确数据的所有权。数据的所有权是数据权益的核心，需要明确数据的所有权归属于哪一方。在个人数据方面，个人数据的所有权应该归属于个人，但在某些情况下，个人数据可能会被授权给其他方使用。

其二，规定数据的保护规则。数据的保护规则包括数据的保密性、完整性、可用性和可追溯性等方面。在数字时代，数据的保护至关重要，需要制定相应的规则来对数据进行保护。

其三，建立数据共享机制。在很多情况下，数据需要被共享和利用，才能发挥其最大的价值。因此，需要建立数据共享机制，明确数据共享的规则和流程，促进数据的流通和利用。

其四，规定数据的责任和义务。在数据的产生、使用、传播和处置过程中，各方都有相应的责任和义务。需要明确各方的责任和义务，以保障数据的权益和安全。

其五，建立数据纠纷解决机制。在数据的产生、使用、传播和处置过程中，可能会出现各种纠纷。需要建立相应的纠纷解决机制，明确纠纷解决的方式和流程，保障各方的合法权益。

第三，实现数据的可追溯性。数据可追溯性的实现需要从数据的收集、存储和使用等方面入手，包括：

其一，收集数据时记录来源和时间。在收集数据时，需要记录每个数据的来源和时间，以便后续的追溯。

其二，存储数据时保留原始状态。在存储数据时，应该尽可能保留数据的原始状态，包括数据的格式、内容、时间戳等，以便后续的追溯和分析。

其三，使用数据时注明用途和时间。在使用数据时，需要注明数据的用途和时间，以便后续的追溯和审计。

其四，建立数据字典和元数据管理系统。数据字典和元数据管理系统可以帮助组织对数据进行分类、命名、定义和其他属性描述，方便后续的追溯和分析。

其五，采用版本控制工具。版本控制工具可以帮助组织记录数据的修改历史，包括修改时间、修改者、修改内容等，方便后续的追溯和审计。

其六，建立数据质量管理体系。数据质量管理体系可以帮助组织评估和管理数据的质量，包括数据的完整性、准确性、一致性等方面，从而提高数据的可追溯性。

其七，采用数据可视化工具。数据可视化工具可以帮助组织以图表、图像等形式展示数据，从而更好地理解数据的分布和关系，提高数据的可追溯性。

第四，经常进行数据清洗。数据清洗的主要对象是数据，包括数据的完整性和一致性等。它涉及发现并纠正数据文件中可识别的错误，包括检查数据一致性，处理无效值和缺失值等。具体来说，数据清洗包括以下方面。

其一，纠正数据中的错误。数据中的错误可能包括拼写错误、格式错误、重复数据等。数据清洗需要识别并纠正这些错误，以确保数据的准确性。

其二，处理缺失值。在数据中，有些字段可能没有值，这可能是数据在收集或处理过程中的某些原因造成的。数据清洗需要处理这些缺失值，避免其对数据分析造成影响。

其三，删除重复数据。在数据中，有些记录可能重复出现，这可能会对数据分析造成干扰。数据清洗需要删除这些重复数据，以确保数据的唯一性和准确性。

其四，转换数据格式。在数据中，有些字段的格式可能不正确，或者不符合数据分析的要求。数据清洗需要将这些字段转换为正确的格式，以确保数据的可读性和可分析性。

其五，补充遗漏的数据。在数据中，有些字段可能遗漏了某些值。数据清洗需要补充这些遗漏的值，以确保数据的完整性和准确性。

总之，数据清洗是数据处理过程中的一个重要环节，它能够提高数据的准确性和可读性，为后续的数据分析提供更好的保障。

第五，确保算法的公正性。确保算法的公正性是避免算法歧视问题的重要方面。以下是一些可以确保算法公正性的方法。

其一，建立公正的数据集。在算法训练和验证过程中，使用公正和无偏的数据集。数据集应该具有多个来源，并且涵盖不同的群体和特征，以减少数据偏差对算法公正性的影响。

其二，避免数据过拟合。在算法训练过程中，要避免数据过拟合。过拟合是指算法在训练数据上表现很好，但在测试数据上表现不佳的现象。为了减少过拟合的风险，可以使用正则化、交叉验证等技术来评估算法的泛化能力。

其三，实现透明性和可解释性。算法应该具备透明性和可解释性，使人们能够理解和解释算法的决策过程。提供算法的输入、输出和决策逻辑的详细说明，能帮助人们更好地理解算法的运作方式，从而增加对算法的信任和接受度。

其四，验证算法的公正性。在算法设计和实施过程中，要充分考虑算法的公正性。通过使用公正性指标对算法进行评估和验证，确保算法在处理不同群体时具有一致的表现。同时，可以采用多样化的测试方法，对算法在不同场景下的表现进行全面验证。

其五，引入多方参与和监管。在算法设计过程中，邀请不同领域的专家、利益相关者和用户参与讨论和审查，确保算法的公正性和合理性。同时，建立有效的监管机制，对算法的设计、实施和应用进行监督和管理,及时发现并纠正偏见问题。

而验证算法公正性的具体方法包括以下几种。

其一,边界条件测试。边界条件是指输入的极端情况,例如,输入规模为0、最大值或最小值等。通过测试这些边界条件,可以验证算法在这些特殊情况下的表现,以评估算法的公正性。

其二,随机抽样测试。随机选择多个数值分别进行测试,观察算法在不同样本上的表现。如果结果符合预期,则此算法基本无误。使用多个数据集进行训练和验证,可以避免数据集偏差对算法公正性的影响。每个数据集都应该有不同的来源,涵盖不同的特征和群体,以确保算法在处理不同群体时具有一致的表现。

其三,评估算法的鲁棒性。算法的鲁棒性是指算法在面对异常输入或干扰时的表现。通过测试算法在不同类型的数据集上的鲁棒性,可以评估算法的公正性。将所提出的算法与其他相关算法进行对比,以评估算法的公正性。如果所提出的算法在性能指标上与其他算法相当或更好,且没有表现出明显的偏见,则可以认为该算法具有较好的公正性。

其四,建立公正性指标。建立公正性指标是评估算法公正性的重要方法之一。这些指标可以包括准确性、召回率、F1得分等,用于衡量算法在不同类别上的性能表现。比较不同类别上的性能指标可以评估算法是否具有偏见。

其五,引入外部专家或利益相关者参与评估。邀请外部专家或利益相关者参与评估算法的公正性,可以增加人们对算法的信任和接受度。这些专家或利益相关者可以提供独立的意见和建议,帮助改进和优化算法的设计和实施。

总之,验证算法公正性的具体方法多种多样,可以根据不同的应用场景和需求选择合适的方法。综合使用这些方法可以有效地评估和验证算法的公正性，确保算法在处理不同群体时具有一致的表现，并减少对个人权利、社会公平和道德伦理的侵犯。

第六，加强伦理审查。伦理审查在数字技术中的作用主要是确保数字技术的安全性和可靠性，保障人们的合法权益和尊严。在数字技术的研究和应用过程中，伦理审查是一个非常重要的环节。它通过对数字技术的安全性、合理性和道德性进行审查和评估，确保数字技术在应用过程中不会给人们带来安全风险、隐私泄露、不公平待遇等问题。具体来说，伦理审查可以包括以下几个方面。

其一，安全性审查。对数字技术的安全性和可靠性进行审查和评估，确保数字技术在应用过程中不会给人们带来安全风险和隐私泄露等问题。

其二，合理性审查。对数字技术的合理性和科学性进行审查和评估，确保数字技术在应用过程中符合社会伦理和道德标准，保障人们的合法权益和尊严。

其三，道德性审查。对数字技术的道德性和人文性进行审查和评估，确保数字技术在应用过程中尊重人权、公正、透明等原则，避免数字技术的滥用和误用。

伦理审查的目的是保障人们的合法权益和尊严，促进数字技术的健康、可持续发展。通过伦理审查，可以避免数字技术在应用过程中出现不可预测的后果和风险，保障人们的生命财产安全和社会稳定。同时，也可以提高数字技术的可信度和公信力，促进数字技术在各个领域的应用和发展。

第七，建立数据的质量管理体系。建立数据的质量管理体系需要从以下几个方面入手。

其一，制定数据质量标准。首先需要制定数据质量标准，包括数据的完整性、准确性、一致性、唯一性等方面的标准。这些标准可以基于组织业务需求和数据使用场景来确定，也可以参考行业标准和国际标准。

其二，在制定数据质量标准的基础上，还需要建立数据质量管理体系，包括数据的采集、处理、存储和使用等环节。管理体系应明确各环节的责任和分工，确保数据的正确性、可靠性、可用性和可追溯性。

其三，设立数据质量管理机构。组织应设立专门的数据质量管理机构或团队，负责监督和执行数据质量管理体系。该机构或团队应具备相应的技术能力和管理权限，能够进行数据质量检查、评估、清洗和纠正等工作。

其四，培训和分析团队。应提高分析团队的数据素养和技能水平，使其能够更好地理解和使用数据。培训团队成员了解数据的来源、处理过程、分析方法和结果解释等，以提高数据的可追溯性和可靠性。

其五，建立数据质量监控机制。应建立数据质量监控机制，对数据进行实时监测和评估，及时发现和解决数据质量问题。监控机制应包括数据质量检查、数据清洗、数据纠正等方面的内容。

其六，持续改进和优化。数据质量管理体系不是一成不变的，而是需要不断改进和优化的。组织应定期评估数据质量管理体系的有效性和适用性，根据业务变化和数据使用需求进行调整和优化。

第八，建立健全反垄断制度，消除数字利维坦以及由此带来的数字强权结果，消减资本聚集效应，防止互联网企业利用自身优势侵犯公民的权益；完善司法保障机制，拓展权利救济渠道，丰富权利实现和恢复的保障机制，加强对数字弱势群体的权益保障，完善社会福利制度，如建立数字能力培训制度体系；建立全面的算法规制和评估机制，加强算法的伦理、法律审查和评估，增强算法的透明性和可监测性，并制定针对算法黑箱、算法歧视、算法违法行为的惩戒机制；推动公共参与，政府应该通过各种渠道，让公众了解数字正义的重要性和实现方式，鼓励公民参与数字治理，发挥公众的智慧和力量，共同推动数字正义的实现。

4. 数字正义的发展趋势

数字正义未来发展趋势，可能表现在以下几个方面。[1]

第一，数字化转型和智能化发展。随着数字技术的不断进步，法院体系的信息化建设也将不断深化。未来，数字正义将更加依赖于数字化和智能化技术，如大数据分析、人工智能等，以提升司法效率、优化资源配置、提高司法公正性。

第二，深度融合产业应用。数字正义将与产业应用深度融合，共同培养具备先进科技知识和实践能力的专业人才，推动数字正义领域的发展。这种融合将有助于更好地实现司法公正和社会公平。

第三，保障公民权益。随着数字技术的发展，人们对取证数字技术滥用、侵犯公民隐私权等问题的担忧也在增加。未来，数字正义将更加注重保障公民权益，通过加强法律监管和技术规范，确保数字技术在司法中的应用不会侵犯公民的合法权益。

第四，适应社会变迁。社会的变迁将不断改变数字正义的内涵和需求。未来，数字正义将更加注重结合具体的历史情境

---

〔1〕［美］尹森·凯什、［以色列］奥娜·拉比诺维奇·艾尼：《数字正义——当纠纷解决遇见互联网科技》，赵蕾、赵精武、曹建峰译，法律出版社2019年版，第251页。

和社会生产方式来认识和解决正义问题，以更好地适应社会的变迁和发展。

第五，适应技术变迁。数字正义要适应技术的变迁，需要采取以下措施。

其一，了解新兴技术。实现数字正义需要了解新兴技术的发展趋势，包括人工智能、大数据、区块链等，以适应技术的变迁。了解新兴技术可以帮助法院体系更好地应用新技术提高司法效率和公正性。

其二，建立技术团队。实现数字正义需要建立专业的技术团队，包括数据分析师、工程师等，以应对新兴技术的挑战。技术团队可以帮助法院体系更好地应用新兴技术，提高司法效率和公正性。

其三，建立技术标准和规范。实现数字正义需要建立技术标准和规范，以确保法院体系应用新兴技术时符合相关法律法规和伦理标准。例如，在应用人工智能时，需要制定相应的规范来确保人工智能的公正性和透明度。

其四，加强技术培训。实现数字正义需要加强技术培训，提高法院体系工作人员的技术素养和技能水平，以适应技术的变迁。例如，开展人工智能和大数据分析的培训课程，提高工作人员的技术能力和应用水平。

其五，关注技术的社会影响。实现数字正义需要关注技术的社会影响，了解新兴技术对社会和公众的影响，以更好地适应技术的变迁。例如，关注人工智能和大数据分析的隐私保护、算法偏见等问题，制定相应的政策和规范。

第六，完善在线诉讼的审理。由于替代性纠纷解决方式的发展，法院不再是解决现代纠纷的主要途径，那些由于不断发展的科技环境产生的诸多纠纷，至少不是由物理空间概念上作为实体的法院能够解决的。同样地,这些纠纷的解决也不再依赖面对面沟通的传统替代性纠纷解决方式。因为面对面替代性纠纷解决方式规模有限、不易获取、时间更长、成本更高,并且容易受到诉讼对抗性和法律至上主义思想的影响。

数字正义实现的关键在于在线解决纠纷的方式。虽然许多案件是不良数据、错误沟通和不当行为导致的,但是这些例子也不是完全没有积极作用,因为有些问题是可以预防的。当不良数据与大数据结合时,其结果是会产生更加糟糕的数据。我们可以通过优化软件设计、减少数据输入错误、患者自查等方法有效减少电子病例中数据失实情况的产生。在"数字正义"理念之下,私人和社会都加强了对数字技术的采用,在法院内外共同促进"接近正义"的实现。

第七,加强国际合作。数字正义不仅是一个国家内部的问题,也是全球范围内面临的挑战。未来,各国之间的合作将更加紧密,通过共享资源、交流经验、协调政策等途径,共同推动数字正义的发展。

四、互联网法院和在线诉讼

难以想象我们可以利用机器来解决纠纷。
——詹姆斯·格雷克(James Gleick)《信息简史》

1. 互联网法院

互联网法院是指案件的受理、送达、调解、证据交换、庭前准备、庭审、宣判等诉讼环节一般应当在互联网上完成,以全程在线为基本原则的法院。我国已经在杭州、北京、广州成立了互联网法院,这是司法主动适应互联网发展大趋势的一项重要举措。互联网法院的特点包括"大平台、小前端、高智能、重协同",这是网络法治时代的智慧法院。

互联网法院的设立可以更好地满足社会司法需求，科学确定管辖范围，健全完善诉讼规则，构建统一诉讼平台，推动网络空间治理法治化。互联网法院的设立可以大大提高司法效率，减轻当事人诉累，为人民群众提供更加便捷、高效、优质的司法服务。同时，互联网法院的设立也可以更好地适应互联网时代的发展需求，推动网络法治建设，促进网络空间治理法治化。

第一，实现互联网审判体系的创新发展。从杭州互联网法院试点情况来看，集中管辖互联网案件、完善配套机制建设有利于提升专业化审判水平，规范促进当地互联网产业发展。与杭州相比，北京、广州两地网络普及率、电商交易规模均居全国前列，互联网产业样态更为多元，新类型案件数量、种类较多。在北京、广州增设互联网法院，有利于丰富互联网司法实践，推动打造平台统一、数据畅通、规范有序、便民利民的互联网司法审判体系，实现人民法院审判体系和审判能力的现代化发展。根据《关于增设北京互联网法院、广州互联网法院的方案》，两地采取了"撤一设一"的方式设立互联网法院，即撤销北京铁路运输法院和广州铁路运输第二法院，另行设立北京互联网法院、广州互联网法院，这是对司法资源的优化配置，方便两个新设法院专注互联网审判主业。

第二，强化互联网空间秩序的规范治理。公正审理更多新型互联网案件，有利于及时总结研究互联网产业发展的新情况、新问题，以公正裁判引导、规范网络行为，强化对网络虚拟财产、知识产权、企业商业秘密、公民个人信息的保护力度，推动构建网络空间安全保障体系，强化网络空间综合治理能力，促进全面提升重要数据资源和个人信息安全保护能力，打造公平诚信、用户放心的网络环境。

第三，推广互联网空间全球治理的中国经验。互联网法院的增设和完善是我国主动参与全球网络空间治理和规则制定的重大尝试。近年来，人民法院在智慧法院建设上的成就得到国际社会广泛认可。通过在北京、广州增设互联网法院，我国将进一步探索互联网司法新模式、新经验，总结形成网络治理的中国经验，以开放、包容的思路，积极开展国际司法合作交流，全面贯彻落实推进全球互联网治理体系变革的"四项原则"和共同构建网络命运共同体的"五点主张"。

互联网司法模式具有以下特点。

第一，诉讼活动在线化。互联网司法模式通过在线平台进行诉讼活动，包括起诉、调解、庭审、判决等环节，当事人可以通过互联网平台进行远程参与和沟通，提高了诉讼效率。

第二，当事人账号化。在互联网司法中，当事人可以通过在线平台注册账号，管理个人信息、提交证据材料、参与庭审等，方便当事人进行诉讼活动。

第三，诉讼规则现代化。互联网司法模式下的诉讼规则更加现代化，引入了电子送达、网络保全、在线调解等新型规则和制度，适应互联网时代的特点。

第四，法院电子化。互联网司法模式下的法院实现了电子化，通过在线平台进行案件管理、文书制作、执行等环节，提高了法院的工作效率。

第五，审判智能化。互联网司法模式下的审判实现了智能化，通过人工智能等技术手段进行证据分析、法律适用、判决预测等，提高了审判的准确性和效率。

第六，网络治理司法化。互联网司法模式下的网络治理更加司法化，通过依法治网来实现网络空间的法治化，保障了网络空间的秩序和安全。

总体来说，互联网司法模式借助互联网技术，实现了诉流程的在线化和智能化，提高了司法效率和公正性，适应了互联网时代的发展要求。

2. 在线诉讼

科学技术的发展速度飞快，令人目不暇接。这一演变过程不仅复杂，而且广泛，更具有持久性。随着我们经历的创新越来越多，各种冲突也如影随形、不断涌现。如果我们选择逃避现实，对那些快速增长和不断变化的纠纷置之不理，那么这些纠纷很可能会不断扩大并四处蔓延。然而，只要我们愿意正视这些现实，关注这些日益严重的纠纷，并以复杂且创新的方式进行信息交流和处理，就有可能开创出解决和预防纠纷的新模式。

从过去到现在，我们一直都在呼唤司法改革。几十年来，替代性纠纷解决机制支持者们大力提倡调解、和解及早期中立评估等方式。替代性纠纷解决机制确实给我们带来了各种各样的纠纷解决方式，不过似乎很难扭转乾坤。相比之下，支持在线纠纷解决机制（Online Dispute Resolution，ODR）的人们将会涌现更多拥趸。因为，事实上我们已经发现，在线纠纷解决机制正悄然改变并即将重塑未来的法院系统。[1]在电子商务、医疗保健、社交媒体、劳动纠纷以及法院系统这五个领域，尤其需要在线纠纷解决机制。

正如布里格斯勋爵所言："传统法院是工业化时代的结果，而在线法院是互联网时代的产物；传统法院必将衰落，在线法院必将兴起。为了实现建立在线法院的目标，即便付出的时间、金钱和努力都付诸东流也在所不惜！在线法院将是这个时代里

---

[1] [美]尹森·凯什、[以色列]奥娜·拉比诺维奇·艾尼：《数字正义——当纠纷解决遇见互联网科技》，赵蕾、赵精武、曹建峰译，法律出版社2019年版，第1页。

最具革命性、最具颠覆性的新型法院；在线法院将改变法院生产正义的方式以及当事人实现正义的途径。"在数字社会，平等、自由、民主、法律、秩序与正义都将重新被定义。

在线诉讼是指人民法院、当事人及其他诉讼参与人等依托电子诉讼平台，通过互联网或者专用网络在线完成立案、调解、证据交换、询问、庭审、送达等全部或者部分诉讼环节的活动。2021年修正的《中华人民共和国民事诉讼法》第16条规定："经当事人同意，民事诉讼活动可以通过信息网络平台在线进行。民事诉讼活动通过信息网络平台在线进行的，与线下诉讼活动具有同等法律效力。"在立法上明确了在线诉讼活动与线下诉讼活动具有同等的法律效力。

在线诉讼规则的制定是为了推进和规范在线诉讼活动，完善在线诉讼规则，依法保障当事人及其他诉讼参与人等诉讼主体的合法权利，确保审理案件公正高效。人民法院开展在线诉讼应当遵循以下原则。

第一，公正高效原则。在线诉讼应当坚持公正高效，确保审判过程公正、透明、高效，维护司法公正。

第二，合法自愿原则。在线诉讼应当尊重当事人的合法权利，保障当事人的知情权、陈述权、辩护权等，同时尊重当事人的自愿选择权，确保当事人在了解规则并同意适用在线诉讼方式后，能够自主决定是否使用在线诉讼方式。

第三，权利保障原则。在线诉讼应当充分保障当事人的合法权利，确保当事人在诉讼过程中能够充分表达意见、提交证据、了解庭审情况等，同时保障当事人的隐私权、信息安全等。

第四，便民利民原则。在线诉讼应当方便快捷、易于操作，便于当事人使用，同时应当减少诉讼成本，减轻当事人的经济负担，提高司法效率。

第五,安全可靠原则。在线诉讼应当保障数据安全、网络稳定、系统可靠,确保诉讼过程的安全性和稳定性,同时应当采取必要的技术和管理措施,防范网络攻击、病毒传播等风险。

以上原则是开展在线诉讼的总体要求,也是制定具体程序规则的基础。在具体实践中,应当根据不同地区、不同案件的具体情况,结合当事人的需求和意见,制定符合实际情况的在线诉讼规则。

在线诉讼的优势主要包括:①方便快捷。在线诉讼可以让当事人和律师在任何时间、任何地点参与诉讼,避免了传统法庭开庭的时间和地点限制,减少了出庭的时间和交通成本。②提高效率。在线诉讼可以利用互联网技术和人工智能技术,加快案件的审理和执行速度,提高司法效率。③降低成本。在线诉讼可以减少法庭租赁、打印、复印等费用,降低当事人的诉讼成本。④促进公平。在线诉讼可以提供更加透明、公开的审判环境,减少人为因素对案件的影响,促进司法公正。

在线诉讼的劣势主要包括:①技术依赖度高。在线诉讼需要依赖互联网技术和人工智能技术,如果技术出现故障或者不成熟,可能会影响诉讼进程和司法公正。②存在网络安全风险。在线诉讼涉及当事人的个人信息和隐私,如果网络安全措施不到位,可能会泄露当事人的信息,对当事人造成不良影响。③对律师和当事人要求高。在线诉讼需要律师和当事人具备一定的计算机和网络操作技能,如果技能不足,可能会影响诉讼进程和司法公正。④难以保证审判质量。虽然在线诉讼可以提高审判效率,但是审判质量难以保证,如果法官或者陪审员对案件理解不足或者判断失误,可能会影响案件的公正处理。

总的来说,在线诉讼具有方便快捷、提高效率、降低成本、促进公平等优势,但也有技术依赖度高、存在网络安全风险、对律师和当事人要求高、难以保证审判质量等劣势。在推广和应用在线诉讼时，需要综合考虑各种因素，确保其在提高司法效率和保障司法公正方面发挥积极作用。

为保证在线诉讼的顺利进行，需要建立以下在线诉讼规则。

第一，明确适用范围和条件。应规定在线诉讼的适用范围和条件，明确哪些案件可以适用在线诉讼，并规定当事人和其他诉讼参与人的权利和义务。

第二，确定技术标准和平台。应规定在线诉讼所使用的技术标准和平台，确保各方能够顺利使用和操作。

第三，规范诉讼程序和流程。应明确在线诉讼的诉讼程序和流程，包括立案、调解、证据交换、庭审、送达等环节，确保各环节的规范性和公正性。

第四，保障当事人权益。应保障当事人的合法权益，包括但不限于知情权、申辩权、质证权等，确保当事人在诉讼中的平等地位和权利。

第五，加强网络安全保障。应规定在线诉讼的网络安全保障措施，确保在线诉讼数据的安全性和完整性，防止信息泄露和被攻击。

第六，明确法律责任和处罚。应规定在线诉讼中各方应承担的法律责任和处罚措施，对违反规定的行为进行惩处，确保在线诉讼的合法性和公正性。

第七，建立监督机制。应建立完善的监督机制，对在线诉讼进行全程监督和跟踪，及时发现和纠正问题，保障审判质量和公正性。

在线诉讼的技术问题主要包括以下几个方面。

第一，网络卡顿和掉线问题。在线诉讼需要依靠网络平台进行，如果网络出现卡顿或掉线等情况，会影响诉讼进程和当事人参与。

第二，技术设备不足或不合格。在线诉讼需要当事人具备一定的技术设备和技能，如果技术设备不足或不合格，会影响诉讼效果和质量。

第三，在线庭审的技术问题。在线庭审是在线诉讼的核心环节，但在线庭审中可能会遇到一些技术问题，如视频传输速度慢、网络不稳定、系统故障等。

第四，公正审判的技术问题。在线诉讼需要保障审判的公正性和严肃性，但在线庭审的地点选择和设置、光线选择、拍摄角度、视频呈现形式等可能会对审判的公正性产生不良影响。

第五，数据安全和隐私保护问题。在线诉讼涉及大量的个人信息和诉讼数据，需要加强数据安全和隐私保护，避免数据泄露和滥用。

针对以上技术问题，可以采取以下措施进行解决。

第一，加强网络保障和管理。法院等有关部门需要加强网络保障和管理，确保网络的稳定性和安全性，避免因网络问题导致诉讼进程受阻或出现错误。针对网络卡顿和掉线问题，可以采取以下措施进行解决。

其一，重启路由器。路由器断电以后其缓存数据会被清空，再次启动就会正常运行。可以尝试重启路由器来解决网络卡顿问题。

其二，恢复出厂设置。如果经常出现这样的问题，可以尝试按住路由器上的复位键恢复出厂设置，相当于把路由器还原初始状态重新设置，这样网络卡顿现象就可以得到解决。

其三，检查网络设备。如果网络设备出现故障，可能会导致网络卡顿和掉线。此时需要检查网络设备是否正常工作，如有故障则需要及时维修或更换。

其四,测试网络速度。可以尝试测试网络速度,检查网络是否正常。如果网络速度慢,可能是网络设备或网络线路的问题,需要进行排查和维修。

其五,更新软件和驱动程序。软件和驱动程序的版本过旧可能会导致网络卡顿和掉线,需要定期更新软件和驱动程序,确保其与当前系统和网络环境相兼容。

其六,联系技术支持。如果以上措施均无法解决问题,可以联系相关技术支持人员,寻求帮助和建议。

第二,提供技术培训和指导。针对当事人技术素养不足的问题,可以提供技术培训和指导,帮助他们了解如何在在线诉讼中应用相关技术工具。

第三,优化技术设备和平台。针对技术设备不足或不合格的问题,可以优化技术设备和平台,提高设备性能和平台稳定性,确保诉讼效果和质量。

第四,加强公正审判的技术保障。针对公正审判的技术问题,可以加强公正审判的技术保障,如规范在线庭审的地点选择和设置、光线选择、拍摄角度、视频呈现形式等,确保审判的公正性和严肃性。

第五,加强数据安全和隐私保护。针对数据安全和隐私保护问题,可以加强数据安全和隐私保护措施,如建立数据安全保障机制、规范数据使用和管理等,确保个人信息和诉讼数据的安全性和隐私性。

在线诉讼防范网络攻击等风险需要采取一系列措施,包括但不限于以下几个方面。

第一,数据加密。应对传输和存储的数据进行加密处理,防止数据泄露和被篡改。

第二,身份认证。应建立完善的身份认证机制,确保当事人和其他诉讼参与人的身份真实有效,防止冒用他人身份或未经授权访问系统。

第三,访问控制。应对系统进行访问控制管理,限制只有授权用户可以访问敏感数据和系统资源,防止未经授权的访问和操作。

第四,安全审计。应建立安全审计机制,对系统的操作和访问进行实时监控和记录,及时发现和处理异常行为和事件。

第五,备份与恢复。应对重要数据和系统进行备份,确保在发生故障或攻击时能够快速恢复数据和系统运行。

第六,防火墙与入侵检测。应部署防火墙和入侵检测系统,防止外部攻击和非法访问。

第七,培训与意识。应加强员工和当事人的网络安全意识和培训,提高他们对网络攻击的防范意识和能力。

第八,合规性管理。应建立符合法律法规和政策要求的合规性管理机制,确保在线诉讼活动的合法性和规范性。

综合运用以上措施,可以有效地防范网络攻击等风险,保障在线诉讼的安全可靠。同时,还需要不断对技术和管理措施进行更新和完善,以应对不断变化的网络威胁和攻击手段。

建立完善的身份认证机制是确保在线诉讼安全可靠的重要措施之一,以下是一些建议。

第一,确定身份认证标准。应制定身份认证的标准和规范,明确身份认证的流程和要求,包括身份信息的收集、验证、存储和使用等。

第二,收集身份信息。应根据身份认证标准,收集当事人的身份信息,包括姓名、身份证号码、联系方式等。

第三,验证身份信息。应对收集到的身份信息进行验证,包括证件真伪、身份真实性等。可以采用人脸识别、指纹识别等生物识别技术进行身份验证。

第四,存储和使用身份信息。应对验证通过的身份信息进行存储和使用,确保身份信息的安全性和保密性。同时,要限制对身份信息的访问和操作,防止未经授权的访问。

第五,建立身份认证平台。应建立身份认证平台,实现统一的身份信息管理和认证服务。可以通过与第三方机构合作,如公安部门、银行等,提高身份认证的准确性和可靠性。

第六,加强培训和意识。应加强员工和当事人的身份认证意识和培训,提高他们对身份认证的重视和参与度。

第七,建立监督和救济机制。应建立监督和救济机制,对身份认证过程进行监督和检查,及时发现和处理异常行为和事件。同时,要保障当事人的合法权益,提供必要的救济措施。

在线诉讼可以通过多种方式提高审判效率。

第一,远程审判,可以通过视频会议、电子取证等手段,实现远程审判,减少往返的时间和费用,特别是在一些交通不便、人员流动性较大的地区,在线诉讼可以更好地满足审判需求。

第二,在线举证。利用互联网技术实现电子送达,当事人可以在线提交证据,避免了传统方式需要打印、复印、邮寄等烦琐程序,提高了举证的效率。

第三,在线调解。可以通过在线视频、语音或文字聊天等方式,实现当事人与法官、当事人与当事人的即时沟通,方便快捷地推进调解进程,提高调解效率。

第四,电子签章。在在线诉讼平台上,当事人可以使用电子签章签署法律文书和其他文件,避免了传统方式需要面对面签署或者邮寄签署的麻烦,缩短了文书制作和传递的时间。

第五,在线申请强制执行。当事人可以通过在线诉讼平台申请强制执行，法院可以通过网络查控被执行人的财产信息，快速有效地执结案件，提高执行效率。

第六，智能辅助审判。通过引入案件智能画像、法条及类案精准推送、裁判风险偏离度预警等智能辅助功能，为法官认定事实和适用法律提供必要的技术支撑，这不仅有利于统一法律适用，还有利于强化监督管理，进一步提高办案质量。

第七，文书自动生成。可以通过语音识别转录等技术，减轻记录的负担，实现文书自动生成，节省法官的时间，缩短案件审理周期。

综上所述，在线诉讼通过多种方式提高了审判效率，方便了当事人参与诉讼，也提高了法院的办案质量和效率。

在线诉讼可以通过以下方式确保当事人参与的权益。

第一，保障当事人的程序知情权。法院应充分告知当事人在线诉讼的具体环节、主要形式、权利义务和法律后果，并通过提供具体的程序说明、操作指引等方式，确保当事人在知情的基础上自愿、理性作出判断。

第二，保障当事人的程序选择权。当事人有权在法律规定的范围内按照自己的意愿支配自己的实体权利和诉讼权利。对于是否适用在线诉讼，法院应尊重当事人意思，不能仅出于自身审理方便的需要而强制当事人适用或不适用在线诉讼。

第三，充分保障当事人各项诉讼权利。在线诉讼应强化提示、说明、告知义务，不得随意减少诉讼环节和减损当事人诉讼权益。

第四，提供便捷的在线诉讼服务。应优化在线诉讼平台功能，完善诉讼服务，加强信息技术应用，降低当事人诉讼成本，提升纠纷解决效率。同时应统筹兼顾不同群体的司法需求，对未成年人、老年人、残障人士等特殊群体加强诉讼引导，提供相应司法便利。

第五，安全可靠原则。应依法维护国家安全，保护国家秘密、商业秘密、个人隐私和个人信息安全，规范技术应用，确保技术中立和平台中立。

综上所述，在线诉讼应保障当事人的参与权益，确保当事人能够便捷、安全地参与在线诉讼。

在线诉讼可以通过以下方式确保司法公正。

第一，严格依法开展在线诉讼活动，完善审判流程，健全工作机制，加强技术保障，提高司法效率，保障司法公正。

第二，尊重和保障当事人及其他诉讼参与人对诉讼方式的选择权，未经当事人及其他诉讼参与人同意，人民法院不得强制或者变相强制适用在线诉讼。

第三，充分保障当事人各项诉讼权利，强化提示、说明、告知义务，不得随意减少诉讼环节和减损当事人诉讼权益。

第四，优化在线诉讼服务，完善诉讼平台功能，加强信息技术应用，降低当事人诉讼成本，提升纠纷解决效率。统筹兼顾不同群体司法需求，对未成年人、老年人、残障人士等特殊群体加强诉讼引导，提供相应司法便利。

第五，依法维护国家安全，保护国家秘密、商业秘密、个人隐私和个人信息，有效保障在线诉讼数据信息安全。规范技术应用，确保技术中立和平台中立。

综上所述，在线诉讼应严格依法开展，尊重和保障当事人及其他诉讼参与人的权益，优化在线诉讼服务，确保技术中立和平台中立，从而确保司法公正。

3. 反思和思考

科学技术的运用可以通过提高法院效率和提高程序质量来克服效率和公平之间的固有矛盾关系。在这个视角下，在线纠纷解决机制最初被视为弱点的各种特征，如文档管理，现在则被视为有助于在非正式争端解决方面更好地进行监督的方式。它可以进行质量监控，提高纠纷处理的一致性和过程的透明度，从而被认为具有潜在的优势。

在线纠纷解决机制使用范围日益扩大的另一原因是其越来越依赖算法。机器可以根据用户或公司提供的数据指导决策过程，从而快速有效地解决纠纷。然而，算法也可能严重损害用户对系统的信任。因此，制定原则性和前瞻性的安全措施是具有极高价值且行之有效的方法。

随着在线纠纷解决机制在国内和国际环境中逐渐制度化，其吸引力和合法性将进一步加强，这将促使其使用频率大大增加。世界各国法院的在线纠纷解决机制项目进展不同。欧盟甚至通过立法要求成员国加入解决成员国消费者和企业之间的本国和跨境电子商务纠纷的在线纠纷解决机制平台。联合国国际贸易发展委员会（简称贸发会）经过长期努力，创建了国际跨境消费者在线纠纷解决机制系统。

而随着巨型在线纠纷解决平台的增加，在线纠纷解决机制系统的规模也开始扩张。不久之前，处理数百万甚至数十亿用户的平台还很少。现在这些大型平台用户数量正在快速增长，不过许多平台还无法供用户自由选择所提供的产品和服务。即使那些平台将自己定位成联结用户的中介角色，但他们仍不能逃避解决用户纠纷和投诉的责任。随着时间的推移，只有几个大型纠纷解决平台将成为纠纷解决市场的领跑者，因为它们真正实现了以数字正义为目的解决纠纷的核心价值。

数字正义必须通过科技来增强"接近"和实现"正义"。接近正义的途径可以通过在线补救和预防机制的广泛运用，以及有能力处理大量纠纷的算法扩宽，这些算法不仅采用了简洁易用的语言，还可以为每个用户量身定做"接近"正义的过程。当算法在质量监控之下，以公平方式影响各方当事人时，正义方能实现。作为最新发展趋势，旨在预防纠纷的数据运用还需要公平对待与各利益相关者之间的关系，尊重个人隐私，遵守法律对个人信息使用的限制性规定。

数字正义要想取得成效，就需要在设计过程中对可能影响效率和公平的因素进行广泛监控。虽然这是一项艰巨的任务，但在线纠纷解决机制这种新的纠纷解决和预防格局有望实现许多重大突破，甚至可能让我们对司法运行大为改观。因为数字正义可以让"接近正义"不再依赖于物理的、面对面的环境，甚至不再受制于人类的决定。[1]

最高人民法院《人民法院在线诉讼规则》

第一条 人民法院、当事人及其他诉讼参与人等可以依托电子诉讼平台（以下简称"诉讼平台"），通过互联网或者专用网络在线完成立案、调解、证据交换、询问、庭审、送达等全部或者部分诉讼环节。

在线诉讼活动与线下诉讼活动具有同等法律效力。

第二条 人民法院开展在线诉讼应当遵循以下原则：

（一）公正高效原则。严格依法开展在线诉讼活动，完善审判流程，健全工作机制，加强技术保障，提高司法效率，保障司法公正。

（二）合法自愿原则。尊重和保障当事人及其他诉讼参与人对诉讼方式的选择权，未经当事人及其他诉讼参与人同意，人

---

[1] [美] 尹森·凯什、[以色列] 奥娜·拉比诺维奇·艾尼：《数字正义——当纠纷解决遇见互联网科技》，赵蕾、赵精武、曹建峰译，法律出版社2019年版，第263页。

民法院不得强制或者变相强制适用在线诉讼。

（三）权利保障原则。充分保障当事人各项诉讼权利，强化提示、说明、告知义务，不得随意减少诉讼环节和减损当事人诉讼权益。

（四）便民利民原则。优化在线诉讼服务，完善诉讼平台功能，加强信息技术应用，降低当事人诉讼成本，提升纠纷解决效率。统筹兼顾不同群体司法需求，对未成年人、老年人、残障人士等特殊群体加强诉讼引导，提供相应司法便利。

（五）安全可靠原则。依法维护国家安全，保护国家秘密、商业秘密、个人隐私和个人信息，有效保障在线诉讼数据信息安全。规范技术应用，确保技术中立和平台中立。

第三条　人民法院综合考虑案件情况、当事人意愿和技术条件等因素，可以对以下案件适用在线诉讼：

（一）民事、行政诉讼案件；

（二）刑事速裁程序案件，减刑、假释案件，以及因其他特殊原因不宜线下审理的刑事案件；

（三）民事特别程序、督促程序、破产程序和非诉执行审查案件；

（四）民事、行政执行案件和刑事附带民事诉讼执行案件；

（五）其他适宜采取在线方式审理的案件。

第四条　人民法院开展在线诉讼，应当征得当事人同意，并告知适用在线诉讼的具体环节、主要形式、权利义务、法律后果和操作方法等。

人民法院应当根据当事人对在线诉讼的相应意思表示，作出以下处理：

（一）当事人主动选择适用在线诉讼的，人民法院可以不再另行征得其同意，相应诉讼环节可以直接在线进行；

（二）各方当事人均同意适用在线诉讼的，相应诉讼环节可以在线进行；

（三）部分当事人同意适用在线诉讼，部分当事人不同意的，相应诉讼环节可以采取同意方当事人线上、不同意方当事人线下的方式进行；

（四）当事人仅主动选择或者同意对部分诉讼环节适用在线诉讼的，人民法院不得推定其对其他诉讼环节均同意适用在线诉讼。

对人民检察院参与的案件适用在线诉讼的，应当征得人民检察院同意。

第五条 在诉讼过程中，如存在当事人欠缺在线诉讼能力、不具备在线诉讼条件或者相应诉讼环节不宜在线办理等情形之一的，人民法院应当将相应诉讼环节转为线下进行。

当事人已同意对相应诉讼环节适用在线诉讼，但诉讼过程中又反悔的，应当在开展相应诉讼活动前的合理期限内提出。经审查，人民法院认为不存在故意拖延诉讼等不当情形的，相应诉讼环节可以转为线下进行。

在调解、证据交换、询问、听证、庭审等诉讼环节中，一方当事人要求其他当事人及诉讼参与人在线下参与诉讼的，应当提出具体理由。经审查，人民法院认为案件存在案情疑难复杂、需证人现场作证、有必要线下举证质证、陈述辩论等情形之一的，相应诉讼环节可以转为线下进行。

第六条 当事人已同意适用在线诉讼，但无正当理由不参与在线诉讼活动或者不作出相应诉讼行为，也未在合理期限内申请提出转为线下进行的，应当依照法律和司法解释的相关规定承担相应法律后果。

第七条 参与在线诉讼的诉讼主体应当先行在诉讼平台完

成实名注册。人民法院应当通过证件证照在线比对、身份认证平台认证等方式，核实诉讼主体的实名手机号码、居民身份证件号码、护照号码、统一社会信用代码等信息，确认诉讼主体身份真实性。诉讼主体在线完成身份认证后，取得登录诉讼平台的专用账号。

参与在线诉讼的诉讼主体应当妥善保管诉讼平台专用账号和密码。除有证据证明存在账号被盗用或者系统错误的情形外，使用专用账号登录诉讼平台所作出的行为，视为被认证人本人行为。

人民法院在线开展调解、证据交换、庭审等诉讼活动，应当再次验证诉讼主体的身份；确有必要的，应当在线下进一步核实身份。

第八条 人民法院、特邀调解组织、特邀调解员可以通过诉讼平台、人民法院调解平台等开展在线调解活动。在线调解应当按照法律和司法解释相关规定进行，依法保护国家秘密、商业秘密、个人隐私和其他不宜公开的信息。

第九条 当事人采取在线方式提交起诉材料的，人民法院应当在收到材料后的法定期限内，在线作出以下处理：

（一）符合起诉条件的，登记立案并送达案件受理通知书、交纳诉讼费用通知书、举证通知书等诉讼文书；

（二）提交材料不符合要求的，及时通知其补正，并一次性告知补正内容和期限，案件受理时间自收到补正材料后次日重新起算；

（三）不符合起诉条件或者起诉材料经补正仍不符合要求，原告坚持起诉的，依法裁定不予受理或者不予立案；

当事人已在线提交符合要求的起诉状等材料的，人民法院不得要求当事人再提供纸质件。

上诉、申请再审、特别程序、执行等案件的在线受理规则，参照本条第一款、第二款规定办理。

第十条　案件适用在线诉讼的，人民法院应当通知被告、被上诉人或者其他诉讼参与人，询问其是否同意以在线方式参与诉讼。被通知人同意采用在线方式的，应当在收到通知的三日内通过诉讼平台验证身份、关联案件，并在后续诉讼活动中通过诉讼平台了解案件信息、接收和提交诉讼材料，以及实施其他诉讼行为。

被通知人未明确表示同意采用在线方式，且未在人民法院指定期限内注册登录诉讼平台的，针对被通知人的相关诉讼活动在线下进行。

第十一条　当事人可以在诉讼平台直接填写录入起诉状、答辩状、反诉状、代理意见等诉讼文书材料。

当事人可以通过扫描、翻拍、转录等方式，将线下的诉讼文书材料或者证据材料作电子化处理后上传至诉讼平台。诉讼材料为电子数据，且诉讼平台与存储该电子数据的平台已实现对接的，当事人可以将电子数据直接提交至诉讼平台。

当事人提交电子化材料确有困难的，人民法院可以辅助当事人将线下材料作电子化处理后导入诉讼平台。

第十二条　当事人提交的电子化材料，经人民法院审核通过后，可以直接在诉讼中使用。诉讼中存在下列情形之一的，人民法院应当要求当事人提供原件、原物：

（一）对方当事人认为电子化材料与原件、原物不一致，并提出合理理由和依据的；

（二）电子化材料呈现不完整、内容不清晰、格式不规范的；

（三）人民法院卷宗、档案管理相关规定要求提供原件、原

物的;

（四）人民法院认为有必要提交原件、原物的。

第十三条　当事人提交的电子化材料，符合下列情形之一的，人民法院可以认定符合原件、原物形式要求：

（一）对方当事人对电子化材料与原件、原物的一致性未提出异议的;

（二）电子化材料形成过程已经过公证机构公证的;

（三）电子化材料已在之前诉讼中提交并经人民法院确认的;

（四）电子化材料已通过在线或者线下方式与原件、原物比对一致的;

（五）有其他证据证明电子化材料与原件、原物一致的。

第十四条　人民法院根据当事人选择和案件情况，可以组织当事人开展在线证据交换，通过同步或者非同步方式在线举证、质证。

各方当事人选择同步在线交换证据的，应当在人民法院指定的时间登录诉讼平台，通过在线视频或者其他方式，对已经导入诉讼平台的证据材料或者线下送达的证据材料副本，集中发表质证意见。

各方当事人选择非同步在线交换证据的，应当在人民法院确定的合理期限内，分别登录诉讼平台，查看已经导入诉讼平台的证据材料，并发表质证意见。

各方当事人均同意在线证据交换，但对具体方式无法达成一致意见的，适用同步在线证据交换。

第十五条　当事人作为证据提交的电子化材料和电子数据，人民法院应当按照法律和司法解释的相关规定，经当事人举证质证后，依法认定其真实性、合法性和关联性。未经人民法院查证属实的证据，不得作为认定案件事实的根据。

第十六条　当事人作为证据提交的电子数据系通过区块链技术存储，并经技术核验一致的，人民法院可以认定该电子数据上链后未经篡改，但有相反证据足以推翻的除外。

第十七条　当事人对区块链技术存储的电子数据上链后的真实性提出异议，并有合理理由的，人民法院应当结合下列因素作出判断：

（一）存证平台是否符合国家有关部门关于提供区块链存证服务的相关规定；

（二）当事人与存证平台是否存在利害关系，并利用技术手段不当干预取证、存证过程；

（三）存证平台的信息系统是否符合清洁性、安全性、可靠性、可用性的国家标准或者行业标准；

（四）存证技术和过程是否符合相关国家标准或者行业标准中关于系统环境、技术安全、加密方式、数据传输、信息验证等方面的要求。

第十八条　当事人提出电子数据上链存储前已不具备真实性，并提供证据证明或者说明理由的，人民法院应当予以审查。

人民法院根据案件情况，可以要求提交区块链技术存储电子数据的一方当事人，提供证据证明上链存储前数据的真实性，并结合上链存储前数据的具体来源、生成机制、存储过程、公证机构公证、第三方见证、关联印证数据等情况作出综合判断。当事人不能提供证据证明或者作出合理说明，该电子数据也无法与其他证据相互印证的，人民法院不予确认其真实性。

第十九条　当事人可以申请具有专门知识的人就区块链技术存储电子数据相关技术问题提出意见。人民法院可以根据当事人申请或者依职权，委托鉴定区块链技术存储电子数据的真实性，或者调取其他相关证据进行核对。

第二十条 经各方当事人同意，人民法院可以指定当事人在一定期限内，分别登录诉讼平台，以非同步的方式开展调解、证据交换、调查询问、庭审等诉讼活动。

适用小额诉讼程序或者民事、行政简易程序审理的案件，同时符合下列情形的，人民法院和当事人可以在指定期限内，按照庭审程序环节分别录制参与庭审视频并上传至诉讼平台，非同步完成庭审活动：

（一）各方当事人同时在线参与庭审确有困难；

（二）一方当事人提出书面申请，各方当事人均表示同意；

（三）案件经过在线证据交换或者调查询问，各方当事人对案件主要事实和证据不存在争议。

第二十一条 人民法院开庭审理的案件，应当根据当事人意愿、案件情况、社会影响、技术条件等因素，决定是否采取视频方式在线庭审，但具有下列情形之一的，不得适用在线庭审：

（一）各方当事人均明确表示不同意，或者一方当事人表示不同意且有正当理由的；

（二）各方当事人均不具备参与在线庭审的技术条件和能力的；

（三）需要通过庭审现场查明身份、核对原件、查验实物的；

（四）案件疑难复杂、证据繁多，适用在线庭审不利于查明事实和适用法律的；

（五）案件涉及国家安全、国家秘密的；

（六）案件具有重大社会影响，受到广泛关注的；

（七）人民法院认为存在其他不宜适用在线庭审情形的。

采取在线庭审方式审理的案件，审理过程中发现存在上述情形之一的，人民法院应当及时转为线下庭审。已完成的在线庭审活动具有法律效力。

在线询问的适用范围和条件参照在线庭审的相关规则。

第二十二条　适用在线庭审的案件，应当按照法律和司法解释的相关规定开展庭前准备、法庭调查、法庭辩论等庭审活动，保障当事人申请回避、举证、质证、陈述、辩论等诉讼权利。

第二十三条　需要公告送达的案件，人民法院可以在公告中明确线上或者线下参与庭审的具体方式，告知当事人选择在线庭审的权利。被公告方当事人未在开庭前向人民法院表示同意在线庭审的，被公告方当事人适用线下庭审。其他同意适用在线庭审的当事人，可以在线参与庭审。

第二十四条　在线开展庭审活动，人民法院应当设置环境要素齐全的在线法庭。在线法庭应当保持国徽在显著位置，审判人员及席位名称等在视频画面合理区域。因存在特殊情形，确需在在线法庭之外的其他场所组织在线庭审的，应当报请本院院长同意。

出庭人员参加在线庭审，应当选择安静、无干扰、光线适宜、网络信号良好、相对封闭的场所，不得在可能影响庭审音频视频效果或者有损庭审严肃性的场所参加庭审。必要时，人民法院可以要求出庭人员到指定场所参加在线庭审。

第二十五条　出庭人员参加在线庭审应当尊重司法礼仪，遵守法庭纪律。人民法院根据在线庭审的特点，适用《中华人民共和国人民法院法庭规则》相关规定。

除确属网络故障、设备损坏、电力中断或者不可抗力等原因外，当事人无正当理由不参加在线庭审，视为"拒不到庭"；

在庭审中擅自退出，经提示、警告后仍不改正的，视为"中途退庭"，分别按照相关法律和司法解释的规定处理。

第二十六条 证人通过在线方式出庭的，人民法院应当通过指定在线出庭场所、设置在线作证室等方式，保证其不旁听案件审理和不受他人干扰。当事人对证人在线出庭提出异议且有合理理由的，或者人民法院认为确有必要的，应当要求证人线下出庭作证。

鉴定人、勘验人、具有专门知识的人在线出庭的，参照前款规定执行。

第二十七条 适用在线庭审的案件，应当按照法律和司法解释的相关规定公开庭审活动。

对涉及国家安全、国家秘密、个人隐私的案件，庭审过程不得在互联网上公开。对涉及未成年人、商业秘密、离婚等民事案件，当事人申请不公开审理的，在线庭审过程可以不在互联网上公开。

未经人民法院同意，任何人不得违法违规录制、截取、传播涉及在线庭审过程的音频视频、图文资料。

第二十八条 在线诉讼参与人故意违反本规则第八条、第二十四条、第二十五条、第二十六条、第二十七条的规定，实施妨害在线诉讼秩序行为的，人民法院可以根据法律和司法解释关于妨害诉讼的相关规定作出处理。

第二十九条 经受送达人同意，人民法院可以通过送达平台，向受送达人的电子邮箱、即时通讯账号、诉讼平台专用账号等电子地址，按照法律和司法解释的相关规定送达诉讼文书和证据材料。

具备下列情形之一的，人民法院可以确定受送达人同意电子送达：

（一）受送达人明确表示同意的；

（二）受送达人在诉讼前对适用电子送达已作出约定或者承诺的；

（三）受送达人在提交的起诉状、上诉状、申请书、答辩状中主动提供用于接收送达的电子地址的；

（四）受送达人通过回复收悉、参加诉讼等方式接受已经完成的电子送达，并且未明确表示不同意电子送达的。

第三十条　人民法院可以通过电话确认、诉讼平台在线确认、线下发送电子送达确认书等方式，确认受送达人是否同意电子送达，以及受送达人接收电子送达的具体方式和地址，并告知电子送达的适用范围、效力、送达地址变更方式以及其他需告知的送达事项。

第三十一条　人民法院向受送达人主动提供或者确认的电子地址送达的，送达信息到达电子地址所在系统时，即为送达。

受送达人未提供或者未确认有效电子送达地址，人民法院向能够确认为受送达人本人的电子地址送达的，根据下列情形确定送达是否生效：

（一）受送达人回复已收悉，或者根据送达内容已作出相应诉讼行为的，即为完成有效送达；

（二）受送达人的电子地址所在系统反馈受送达人已阅知，或者有其他证据可以证明受送达人已经收悉的，推定完成有效送达，但受送达人能够证明存在系统错误、送达地址非本人使用或者非本人阅知等未收悉送达内容的情形除外。

人民法院开展电子送达，应当在系统中全程留痕，并制作电子送达凭证。电子送达凭证具有送达回证效力。

对同一内容的送达材料采取多种电子方式发送受送达人的，以最先完成的有效送达时间作为送达生效时间。

第三十二条　人民法院适用电子送达，可以同步通过短信、即时通讯工具、诉讼平台提示等方式，通知受送达人查阅、接收、下载相关送达材料。

第三十三条　适用在线诉讼的案件，各方诉讼主体可以通过在线确认、电子签章等方式，确认和签收调解协议、笔录、电子送达凭证及其他诉讼材料。

第三十四条　适用在线诉讼的案件，人民法院应当在调解、证据交换、庭审、合议等诉讼环节同步形成电子笔录。电子笔录以在线方式核对确认后，与书面笔录具有同等法律效力。

第三十五条　适用在线诉讼的案件，人民法院应当利用技术手段随案同步生成电子卷宗，形成电子档案。电子档案的立卷、归档、存储、利用等，按照档案管理相关法律法规的规定执行。

案件无纸质材料或者纸质材料已经全部转化为电子材料的，第一审人民法院可以采用电子卷宗代替纸质卷宗进行上诉移送。

适用在线诉讼的案件存在纸质卷宗材料的，应当按照档案管理相关法律法规立卷、归档和保存。

第三十六条　执行裁决案件的在线立案、电子材料提交、执行和解、询问当事人、电子送达等环节，适用本规则的相关规定办理。

人民法院可以通过财产查控系统、网络询价评估平台、网络拍卖平台、信用惩戒系统等，在线完成财产查明、查封、扣押、冻结、划扣、变价和惩戒等执行实施环节。

第三十七条　符合本规定第三条第二项规定的刑事案件，经公诉人、当事人、辩护人同意，可以根据案件情况，采取在线方式讯问被告人、开庭审理、宣判等。

案件采取在线方式审理的，按照以下情形分别处理：

（一）被告人、罪犯被羁押的，可以在看守所、监狱等羁押场所在线出庭；

（二）被告人、罪犯未被羁押的，因特殊原因确实无法到庭的，可以在人民法院指定的场所在线出庭；

（三）证人、鉴定人一般应当在线下出庭，但法律和司法解释另有规定的除外。

第三十八条　参与在线诉讼的相关主体应当遵守数据安全和个人信息保护的相关法律法规，履行数据安全和个人信息保护义务。除人民法院依法公开的以外，任何人不得违法违规披露、传播和使用在线诉讼数据信息。出现上述情形的，人民法院可以根据具体情况，依照法律和司法解释关于数据安全、个人信息保护以及妨害诉讼的规定追究相关单位和人员法律责任，构成犯罪的，依法追究刑事责任。

第三十九条　本规则自2021年8月1日起施行。最高人民法院之前发布的司法解释涉及在线诉讼的规定与本规则不一致的，以本规则为准。

五、生成式人工智能的合规途径[1]

随着人工智能的迅速发展，ChatGPT类生成式人工智能作为通用人工智能中的佼佼者，向人们初步展现了其针对任何问题都能给出较为合适答案的能力。据此，笔者认为，在未来的多应用领域，生成式人工智能研发企业必将会有一席之地。与此同时，研发企业也不可避免地会面临数据安全和个人信息保护之外的新合规风险。

对此，笔者结合2023年8月15日正式实施的《生成式人

---

[1] 本部分与陆凌燕合作，发表于《法律与生活》2023年第9期。

工智能服务管理暂行办法》（以下简称《暂行办法》），尝试给出初步的规制途径。

1. 研发企业的当下与未来

自2022年11月30日以来，ChatGPT迅速成为全球讨论的现象级话题，并带火了生成式人工智能这一词汇，同时，其也促进了各大科技巨头在生成式人工智能领域的投资和布局。

目前，对于人工智能的定义不存在通用的准确表述。有人提出，人工智能是用来发现"根据确定了所有条件的数据，得到答案数值的规律"的技术。对此，笔者表示认同。

实际上，人工智能主要基于两类模型：一是决策式人工智能模型，即根据已有数据进行分析、判断、预测的模型，如购物网站的好物推荐功能等；二是生成式人工智能模型，即更强调学习归纳之后的演绎创造，从而生成全新的内容，如ChatGPT。

虽然上述两类人工智能模型在目前阶段只有信息重组的能力，暂时无法像人类智慧那样能够"无中生有"地创造出全新的信息，但生成式人工智能模型已凭借其对大数据的分析、云算力支撑的数据检索以及基于大语言模型的强算法，展现出其代替人类的某些可能性。

那么，生成式人工智能研发企业到底有哪些呢？

对此，笔者提出，从产品的研发方向来看，它既有针对底层系统的基础设施研发企业，又有基于底层系统进行研发的应用型研发公司。限于较高的技术门槛和投资金额，基础设施研发企业数量较少，但其属于当前政策鼓励发展的对象，《暂行办法》也未把其作为规制对象。笔者认为，针对不同的场景和细分领域，未来会出现更多的底层系统应用型研发公司。在目前阶段，此类研发企业已呈现出"基础模型—专业模型—服务应用"的分层业态。

未来,人们可以预见的生成式人工智能应用领域有文本、音频、图像、视频、游戏以及跨模态领域。由此不难看出,未来将会受到影响的行业领域包括但不限于媒体、教育、制造、消费、医疗、金融等旧有业态。

2. 研发企业的合规风险

技术从来都是一把双刃剑,生成式人工智能在带来革命式便利的同时,也带来了人们在数据安全和个人信息保护之余的风险和忧虑,这就为研发企业带来了更多的合规风险。

具体而言,笔者认为,研发企业存在以下五种合规风险。

第一,算法"黑箱"与监管要求的对抗。

对于使用者而言,生成式人工智能的算法无异于是一个黑箱子,在人机交互的过程中,用户能做的是投入数据以及获得最终的结果。在整个的信息处理过程中,用户无法被观察和检测。因此,生成式人工智能有可能出现难以发现的偏见和歧视导向结果。

对此,监管机构具有强烈的监管意愿。不同于以往的法规,《暂行办法》首次将模型作为规制对象,并围绕模型治理建立了覆盖生成式人工智能生命周期的监管制度。目前,《暂行办法》实施的是分类分级监管,其只对应用型研发公司刻以责任,但未来是否会扩展至基础设施研发企业,则未可知。

第二,知识产权合规风险。

此类风险的产生,同生成式人工智能所需要的语料积累储备未获得原始权利人的授权息息相关。以 ChatGPT 为例,目前它尚属于算法"黑箱",还没有对外公示其所使用的数据来源。其最终生成的作品著作权归于谁?是原著作权人,是人工智能提供商,还是用户,目前尚存在争议。已明确的是,其不能归人工智能本身所有。因为根据我国现行著作权法的规定,作者只能是自然人、法人或非法人组织。

第三,因虚假或不良信息而形成的风险。

虚假信息可能是生成式人工智能基于预训练和反馈强化的算法导致的,正确的信息经由错误的流程,会得到错误的答案;可能是在数据来源上,基础材料不够充分所导致的;还可能是竞争对手散播的恶意虚假信息。对此,《暂行办法》对虚假信息进行了限缩,仅禁止了"虚假有害"的信息。

同时,生成式人工智能或许会被用户诱导形成反社会或不道德的不良信息,甚至使之成为犯罪工具,从而为研发企业带来隐忧与风险。

第四,个人信息或商业秘密泄露风险。

个人信息或商业秘密泄露风险,既可能是来自生成式人工智能搜集语料信息时的无针对性采集,由用户通过生成式人工智能的算法整理生成具有明显指向性的个人信息或商业秘密,也可能来自用户自行输入数据时被生成式人工智能无指向性地进行保存,并在其他用户调用时对第三人泄露。

除了个人信息或商业秘密泄露风险,数据安全风险还包括传输风险和存储风险。数据在传输和存储过程中,会遭到未经授权的访问、篡改或泄露,甚至还会引发数据的跨境安全问题。

第五,科技伦理的失范风险。

科技伦理的失范,可能体现在社会公平的隐形失衡,没有掌握生成式人工智能或者其数据没有进入人工智能语料库的群体,可能会遭受不公平的待遇。甚至一些开发者可能会隐蔽地通过算法的倾斜设计或者语料库的数据倾斜,歧视部分群体。

3. 研发企业的规制途径

笔者认为,面对上述五类合规风险,研发企业也可以从以下五个方面进行事先防范和规制。

第一，接受监管以及完成监管。

研发企业只有接受监管，才能获得长久的发展。研发企业应当建立算法安全检测、数据安全管理和个人信息保护制度，完成安全评估，并向监管部门进行算法备案，在系统运行过程中，定期保持评估和自我监管。

研发企业应承担起主体责任，完成对上下游各主体的管理责任，既要对上游的技术支持者完成管理责任，将本地监管要求与技术支持相结合，同时还要对下游的服务使用者尽到管理和提示义务。《暂行办法》规定，提供者应"指导使用者科学理性认识和依法使用生成式人工智能技术"。

第二，加强知识产权管理。

研发企业应当注意从源头排查语料库是否存在受到著作权保护的作品。如果存在，应当取得相关授权或者借用水印、标签等相关技术表示作品的权利状态，避免陷入侵权纠纷。研发企业可以通过用户协议和重点提示的形式，要求用户对其输入资料的著作权以及其他不宜公开的信息承担责任，并约定生成内容的著作权规划。《暂行办法》未将研发企业定义为内容生产者，这就在一定程度上限缩了研发企业在这方面可能会承担的法律责任。

第三，虚假与不良信息的提示和警告。

研发企业应从源头为用户的内容输入建立识别虚假与不良信息的特征库，警示用户不得输入虚假或不良信息。同时，研发企业应在自动生成内容中添加可识别标志或者警示信息，尤其在用户要求人工智能生成具有某个主体特征的音频、视频或文本图像时，应在合理位置上做出显著标识，以免公众产生混淆或误认。

《暂行办法》要求研发企业"制定符合本办法要求的清晰、具体、可操作的标注规则"。总体而言，《暂行办法》更倾向减轻研发企业的内容合规义务，没有要求生成内容"真实准确"，只是要求"采取有效措施，提升生成式人工智能服务的透明度"。

第四，个人信息和隐私保护。

在无指向性语料库的高维度方面，研发企业可以在用户协议或者用户交互输入时设立明显的关键信息的识别和提示，向用户告知人工智能对所输入信息的处理方式，充分提醒用户谨慎输入隐私信息，以及告知用户具体处理途径。《暂行办法》明确要求研发企业应当及时受理和处理个人信息的相关请求。

在低维度的生成式人工智能方面，比如，仅在某个金融机构等领域运用生成式人工智能，其输入语料数据被局限于狭窄领域，应注意与外库数据保持充分隔离，避免输入语料在源头遭受污染。同时，也要限制生成数据的流出，避免隐私信息的泄露。

第五，建立科技伦理审查委员会。

科技的创新与成果，应当有利于人类与环境，而不应成为少数人损害他人合法权益的工具。在公司制度和组织架构上，研发公司可以成立科技伦理审查委员会，并贯彻对整个业务流程和业务结果的监管，从而实现对科技伦理的遵守与监管。

当下，生成式人工智能已经在多个应用领域崭露头角。在其发展之余，研发企业应注意其隐含的合规风险。笔者希望，生成式人工智能给人们带来更多便利的同时，不会成为损害人们基本权益的工具，甚至摧毁人们存在的意义。

《生成式人工智能服务管理暂行办法》

第一章　总　则

第一条　为了促进生成式人工智能健康发展和规范应用，维护国家安全和社会公共利益，保护公民、法人和其他组织的合法权益，根据《中华人民共和国网络安全法》、《中华人民共和国数据安全法》、《中华人民共和国个人信息保护法》、《中华人民共和国科学技术进步法》等法律、行政法规，制定本办法。

第二条　利用生成式人工智能技术向中华人民共和国境内公众提供生成文本、图片、音频、视频等内容的服务（以下称生成式人工智能服务），适用本办法。

国家对利用生成式人工智能服务从事新闻出版、影视制作、文艺创作等活动另有规定的，从其规定。

行业组织、企业、教育和科研机构、公共文化机构、有关专业机构等研发、应用生成式人工智能技术，未向境内公众提供生成式人工智能服务的，不适用本办法的规定。

第三条　国家坚持发展和安全并重、促进创新和依法治理相结合的原则，采取有效措施鼓励生成式人工智能创新发展，对生成式人工智能服务实行包容审慎和分类分级监管。

第四条　提供和使用生成式人工智能服务，应当遵守法律、行政法规，尊重社会公德和伦理道德，遵守以下规定：

（一）坚持社会主义核心价值观，不得生成煽动颠覆国家政权、推翻社会主义制度，危害国家安全和利益、损害国家形象，煽动分裂国家、破坏国家统一和社会稳定，宣扬恐怖主义、极端主义，宣扬民族仇恨、民族歧视，暴力、淫秽色情，以及虚假有害信息等法律、行政法规禁止的内容；

（二）在算法设计、训练数据选择、模型生成和优化、提供服务等过程中，采取有效措施防止产生民族、信仰、国别、地域、性别、年龄、职业、健康等歧视；

（三）尊重知识产权、商业道德，保守商业秘密，不得利用算法、数据、平台等优势，实施垄断和不正当竞争行为；

（四）尊重他人合法权益，不得危害他人身心健康，不得侵害他人肖像权、名誉权、荣誉权、隐私权和个人信息权益；

（五）基于服务类型特点，采取有效措施，提升生成式人工智能服务的透明度，提高生成内容的准确性和可靠性。

第二章 技术发展与治理

第五条 鼓励生成式人工智能技术在各行业、各领域的创新应用，生成积极健康、向上向善的优质内容，探索优化应用场景，构建应用生态体系。

支持行业组织、企业、教育和科研机构、公共文化机构、有关专业机构等在生成式人工智能技术创新、数据资源建设、转化应用、风险防范等方面开展协作。

第六条 鼓励生成式人工智能算法、框架、芯片及配套软件平台等基础技术的自主创新，平等互利开展国际交流与合作，参与生成式人工智能相关国际规则制定。

推动生成式人工智能基础设施和公共训练数据资源平台建设。促进算力资源协同共享，提升算力资源利用效能。推动公共数据分类分级有序开放，扩展高质量的公共训练数据资源。鼓励采用安全可信的芯片、软件、工具、算力和数据资源。

第七条 生成式人工智能服务提供者（以下称提供者）应当依法开展预训练、优化训练等训练数据处理活动，遵守以下规定：

（一）使用具有合法来源的数据和基础模型；

（二）涉及知识产权的，不得侵害他人依法享有的知识产权；

（三）涉及个人信息的，应当取得个人同意或者符合法律、行政法规规定的其他情形；

（四）采取有效措施提高训练数据质量，增强训练数据的真实性、准确性、客观性、多样性；

（五）《中华人民共和国网络安全法》、《中华人民共和国数据安全法》、《中华人民共和国个人信息保护法》等法律、行政法规的其他有关规定和有关主管部门的相关监管要求。

第八条　在生成式人工智能技术研发过程中进行数据标注的，提供者应当制定符合本办法要求的清晰、具体、可操作的标注规则；开展数据标注质量评估，抽样核验标注内容的准确性；对标注人员进行必要培训，提升尊法守法意识，监督指导标注人员规范开展标注工作。

第三章　服务规范

第九条　提供者应当依法承担网络信息内容生产者责任，履行网络信息安全义务。涉及个人信息的，依法承担个人信息处理者责任，履行个人信息保护义务。

提供者应当与注册其服务的生成式人工智能服务使用者(以下称使用者) 签订服务协议，明确双方权利义务。

第十条　提供者应当明确并公开其服务的适用人群、场合、用途，指导使用者科学理性认识和依法使用生成式人工智能技术，采取有效措施防范未成年人用户过度依赖或者沉迷生成式人工智能服务。

第十一条　提供者对使用者的输入信息和使用记录应当依

法履行保护义务,不得收集非必要个人信息,不得非法留存能够识别使用者身份的输入信息和使用记录,不得非法向他人提供使用者的输入信息和使用记录。

提供者应当依法及时受理和处理个人关于查阅、复制、更正、补充、删除其个人信息等的请求。

第十二条 提供者应当按照《互联网信息服务深度合成管理规定》对图片、视频等生成内容进行标识。

第十三条 提供者应当在其服务过程中,提供安全、稳定、持续的服务,保障用户正常使用。

第十四条 提供者发现违法内容的,应当及时采取停止生成、停止传输、消除等处置措施,采取模型优化训练等措施进行整改,并向有关主管部门报告。

提供者发现使用者利用生成式人工智能服务从事违法活动的,应当依法依约采取警示、限制功能、暂停或者终止向其提供服务等处置措施,保存有关记录,并向有关主管部门报告。

第十五条 提供者应当建立健全投诉、举报机制,设置便捷的投诉、举报入口,公布处理流程和反馈时限,及时受理、处理公众投诉举报并反馈处理结果。

第四章 监督检查和法律责任

第十六条 网信、发展改革、教育、科技、工业和信息化、公安、广播电视、新闻出版等部门,依据各自职责依法加强对生成式人工智能服务的管理。

国家有关主管部门针对生成式人工智能技术特点及其在有关行业和领域的服务应用,完善与创新发展相适应的科学监管方式,制定相应的分类分级监管规则或者指引。

第十七条 提供具有舆论属性或者社会动员能力的生成式

人工智能服务的，应当按照国家有关规定开展安全评估，并按照《互联网信息服务算法推荐管理规定》履行算法备案和变更、注销备案手续。

第十八条　使用者发现生成式人工智能服务不符合法律、行政法规和本办法规定的，有权向有关主管部门投诉、举报。

第十九条　有关主管部门依据职责对生成式人工智能服务开展监督检查，提供者应当依法予以配合，按要求对训练数据来源、规模、类型、标注规则、算法机制机理等予以说明，并提供必要的技术、数据等支持和协助。

参与生成式人工智能服务安全评估和监督检查的相关机构和人员对在履行职责中知悉的国家秘密、商业秘密、个人隐私和个人信息应当依法予以保密，不得泄露或者非法向他人提供。

第二十条　对来源于中华人民共和国境外向境内提供生成式人工智能服务不符合法律、行政法规和本办法规定的，国家网信部门应当通知有关机构采取技术措施和其他必要措施予以处置。

第二十一条　提供者违反本办法规定的，由有关主管部门依照《中华人民共和国网络安全法》、《中华人民共和国数据安全法》、《中华人民共和国个人信息保护法》、《中华人民共和国科学技术进步法》等法律、行政法规的规定予以处罚；法律、行政法规没有规定的，由有关主管部门依据职责予以警告、通报批评，责令限期改正；拒不改正或者情节严重的，责令暂停提供相关服务。

构成违反治安管理行为的，依法给予治安管理处罚；构成犯罪的，依法追究刑事责任。

第五章 附　则

第二十二条　本办法下列用语的含义是：

（一）生成式人工智能技术，是指具有文本、图片、音频、视频等内容生成能力的模型及相关技术。

（二）生成式人工智能服务提供者，是指利用生成式人工智能技术提供生成式人工智能服务（包括通过提供可编程接口等方式提供生成式人工智能服务）的组织、个人。

（三）生成式人工智能服务使用者，是指使用生成式人工智能服务生成内容的组织、个人。

第二十三条　法律、行政法规规定提供生成式人工智能服务应当取得相关行政许可的，提供者应当依法取得许可。

外商投资生成式人工智能服务，应当符合外商投资相关法律、行政法规的规定。

第二十四条　本办法自 2023 年 8 月 15 日起施行。

证据法的哲学思考

一、哲学的思维方式

1. 定位宇宙与安排人生：哲学的探索与智慧

"哲学"一词源于希腊文 Philo-sophia，其中 Philo 意味着"爱"，Sophia 则意味着"智慧"。这一词语的字面意义是"爱智"，即对智慧的追求。在西方，哲学已经有超过 2000 年的历史，其主要目标是"定位宇宙"，并在宇宙中"安排人生"。而在中国，尽管没有"哲学"这一名词，但其实也有着类似的理念。例如，"道学"强调的是自然与宇宙的规律，"玄学"探讨的是深奥的道理，"理学"和"义理之学"关注的是道德伦理与人生价值，"心学"则强调内心的修养与精神世界。这些思想流派实质上也是在尝试"定位宇宙"，并在宇宙中"安排人生"。

尽管哲学往往给人一种深奥、晦涩的感觉，但实际上，很多人都会在日常生活中自觉或不自觉地对社会、人生、工作进行哲学的思考。

哲学的核心是对宇宙和人生的探索和理解，这包括解答关于宇宙起源和变化的根本目的等基本问题。通过观察世界的不同层面——物质、生命、意识和精神，我们可以发现这些层面之间存在一种内在的和谐与目的性。这种和谐与目的性构成了我们所说的"合一""和谐""多样性"的世界。

在人生观方面，哲学也起着重要的作用。根据柏拉图的二元论，我们通过感官来感知世界，而我们的精神则超越感官。

这种划分使我们在宇宙的框架内安排人生，形成了一种"重灵轻肉"的人生观。然而，更重要的是实现灵与肉的和谐统一，使人能够真正认识自己并实现自我。

人生中最直接的体验是发现自己存在于天地之间，以及生活在他人的陪伴之中。然而，生活中的问题常常是如何做人以及如何处理人际关系。传统的观念认为，人应该顶天立地，出人头地。这种观念鼓励我们追求完美的人格和卓越的成就。然而，真正的挑战在于如何在日常生活中运用智慧和良知来做出正确的决策。

哲学智慧教导我们如何定位自己和宇宙的关系，并在其中找到自己的价值。通过深入思考和积极探索，我们可以培养敏锐的洞察力和丰饶的心灵。这种智慧可以帮助我们理解宇宙和人生的原理、原则，并将这些原理、原则应用于生活和文明发展。

为了获得这种智慧，我们需要锻炼自己的头脑并培养自己的良知。我们需要有清晰的思维和正确的道德观念来指导我们的行为。同时，我们还需要有足够的耐心和毅力来追求我们的目标并实现我们的梦想。

总之，哲学不仅是一个学科领域，更是一种智慧和精神追求。通过定位宇宙并安排人生，我们可以更好地理解自己和周围的世界，并在其中找到自己的价值和意义。[1]

2. 认识的五大障碍

认识论探讨了我们获得正确知识的可能性。历史表明，有些曾被视为金科玉律的知识在后来被发现并不正确。由于这些混乱情况，一些学者开始怀疑人类知识的正确性，产生了怀疑

---

[1] 邬昆如等主编：《哲学入门》，华东师范大学出版社2021年版，第235页。

论、独断论、批判论、不可知论以及相对论。在这些理论中，除了独断论夸大了人类真实认知的可能性，其他理论要么全盘否定，要么缩小了我们正确认知的可能性范围。

（1）怀疑论

怀疑论是质疑我们获得正确知识的可能性的学说。它在哲学史的每个时代几乎都存在，产生的理由各不相同。这一理论的出现主要是由于人类对自身认知能力的局限性感到失望和困惑。

（2）独断论

在认识论上，与怀疑论对立的是独断论。怀疑论质疑我们认识的可能性与正确性，这会导致自我矛盾。我们应该避免这种认识论立场。独断论则肯定我们认识的绝对可能性和绝对正确性，这是另一种我们应该避免的极端主张。因为它夸大了人类认知能力的范围，这会阻滞我们的哲学思考。这种理论过于乐观地看待人类的认知能力，忽略了人类认知的局限性。

（3）批判论

独断论的方法是不经过批判就相信，与之相反的是批判论的方法。最彻底的批判论方法出现在康德的《纯粹理性批判》一书中。鉴于理性主义过分强调理性的洞悉能力，经验主义太夸大感官经验的认知作用，康德试图调和两者。他采取的方法是，对我们的认识官能进行彻底的分析，找出认知的先天因素，即主观的认知条件，探讨我们认知的过程，然后以这种分析为根据划定我们认知的范围。按照他的分析，人的认知官能具有三层结构：感性、悟性及理性。这三层官能各有其先天的结构，各有其功能，不能混淆，次序也不能颠倒。这一理论强调了对人类认知过程的深入理解，以避免过度乐观或过度悲观的认识论立场。

(4) 不可知论

不可知论可以追溯到古希腊诡辩学者高尔吉亚，他有三个命题，其中的第二个命题就是："即使有某物存在，也不可认知。"这样他就排除了所有认识的可能性与真实性。中世纪的唯名论也与不可知论有关联，其中可作为代表的首推奥卡姆（Ockham，1285—1349年）。按照奥卡姆的观点，普遍概念只是思想物，代表着某个事物的记号。因此，普遍概念事实上只是普遍名词。作为事物的记号，普遍名词常是约定俗成的，也就是来自人的虚构。换句话说，普遍名词只是一个名目，我们以此称它所表记的事物，但是它们不能表达被表记的事物的内在本质。对于事物的内在本质，我们根本无法认知，只有上帝能够洞察。在奥卡姆的唯名论下，对于事物内在本质的认识可能性也遭到排除。不过真正有系统架构的不可知论出现在近代，以洛克、休谟及康德为代表。这一理论对人类认知能力的局限性提出了深刻的挑战。

(5) 相对论

相对论主张世界上没有绝对的真理，只有相对的真理。对一个人来说是真理的，对其他人不一定是真理；在一个时代被认为是真理的，在另一个时代可能被认为是错误的；在一个地区被奉为真理的，在另一个地区可能不被认可。支持相对论的理由不同，也就产生了不同形态的相对论。根据柴熙教授的分析，相对论主要可分两种：真理决定于认识主体条件的相对论与真理决定于认识目的的相对论。这一理论对传统的绝对真理观念提出质疑，从而提供了对真理的新理解方式。

3. 四大价值

苏格拉底曾主张，未经省察的生活并不值得过。那么，如何进行省察呢？这就需要借助"真、善、美"的概念来审视生活中的事实和现象，检视它们是否符合事实本身，并考察我们的生活行为是否符合"善"的要求。

亚里士多德指出："凡是可欲的皆是值得追求的，凡是值得追求的皆是有价值的。"价值不仅仅是外在的定义，还有其内在的意义。外在的意义在于说明这种价值所提供给人们的直接利益，而内在的意义则是指其能够提升人性、促进其发展的一种可能性。所谓价值的内涵，是指运用价值的内在蕴涵来达成一个人之所以成为人的意义和目标。

一般来说，价值的内涵表现在三个层次：第一个层次是追求事实的层次；第二个层次是个人的修养、行为和模式的层次；第三个层次是境界的层次。在第一个层次中，我们追求"真"或"科学精神"，即在追求事实过程中需要采取什么样的态度和方法。在第二个层次中，我们通过行为来展现"善"或"伦理精神"，即如何使自己的行为正确并达到更高层次的一种表达。第三个层次是"美"或"艺术精神"，即如何将人生修为的一种能量提升并具体表达出来。这三个层次彼此独立但又相互关联。它们能否达到一致呢？因此，我们便有了所谓的"圣"或"人生的完美境界"。当我们在追求"真"的过程中达到最高的境界时，便完全实现了"圣"。在叙述事实的过程中，事实都属于个别事物。如何使这些个别事物达到整体性的"真"呢？在追求"圣"的过程中，"真""善""美"得以完美融合，形成了一个完美的价值。

综上所述，哲学上的四大价值为：①真——科学精神；②善——伦理精神；③美——艺术精神；④圣——人生的完美境界。

4. 思想三大定律

在哲学领域，我们通常会探讨一些基本的原理、原则，这些原理、原则构成了我们思考和理解事物的基础。其中，思想三大定律是这些原理、原则的重要组成部分。

（1）同一律

同一律的公式是 A 等于 A，即一件事物与自己等同。这意味着每个事物都是独立存在且具有独特性的，它们在本质上都是独一无二的。在哲学上，这可以被理解为自我同一律，即一个人能够安身立命的前提是认识到自己与自己之间是等同的。相反，如果一个人无法认同自己，那么他就会与自己产生疏离感，无法找到内心的平静和安定。

（2）矛盾律

矛盾律是由同一律延伸而来的，其公式是 A 不等于非 A，即一件事物与自己以外的任何事物都不等同。这是因为如果一个事物等于自己，那么它就不可能同时等于其他事物。在辩论中，如果能够证明对方的观点自相矛盾，那么对方的观点就无法成立。矛盾律在逻辑和哲学中都有广泛的应用，它帮助我们识别和避免自相矛盾的观点和行为。

（3）排中律

排中律是由同一律和矛盾律联合推导出来的，其公式是 A 不能既等于 A，又等于非 A。这意味着一个事物不可能同时与自己等同，又和自己以外的事物等同。排中律在解决一些全盘肯定或全部否定的抉择问题上非常有用。例如，对于"太阳中心说是否正确"的问题，答案只能是"是"或"非"，没有中间路线。这种排中律的应用可以帮助我们明确一些基本的事实和观点。

综上所述，思想三大定律是哲学领域中的重要原则，它们为我们提供了一种理解和解释事物的基本框架。这些定律不仅在哲学、逻辑和科学领域有着广泛的应用价值，而且对于我们的日常生活和思维活动也具有重要的指导意义。

5. 人生而有知，万物皆有理

人生而知之，万物皆有规律。人类作为认知的主体，拥有感知和理解世界的能力。万物作为客体，则遵循着自身的规律和原理。这种认知的开端源于主体和客体的相互作用，我们的感官与外部世界的互动让我们得以感知和理解事物的声、色、香、味、触等属性。然而，人类的认知能力不仅仅停留在感官的层面，我们还有思想的能力，通过思考和推理，我们能够探索世界和存在的本质。

从自身出发，我们可以认识到自己的认知能力和知识的伟大。同时，通过对世界的观察和理解，我们可以欣赏到世界的奥秘和美丽。这种认知的过程是逐步上升的，从物理到生理，再到心理，最终到达形而上的层面。在这个过程中，我们能够获得关于宇宙和人生的原理、原则。

万物皆有理，这意味着世界秩序的和谐。物理学的因果原则解释了事物存在的方式和原因；生理层面的生命现象体现了宇宙的生生不息；意识层面的心理活动则将自然世界的美转化为人文世界的美，使我们在解决生活必需之外能够安身立命。

在认知过程中，精神层面的主体以其确定的信念接触到了明显的客体，从而获得了真知。这种认知是基于悟性本身的归类和抽象能力，使主体能够超越个别的、具体的事物，进入共相的、抽象的概念，乃至于达到"概念的概念"和"存在"本身。主体确认的基本方式是"存异求同"，即放下个别性的差别，专门吸取"共相"，达到最高的"概念的概念"。此外，主体确认还揭示了人性认知的天性，同时也体现了意志的功能。后者能凭借知能，走出一条康庄大道。在哲学上，这表现为"思想和存在的一致性"。

6. 什么是真正的自由？

奥斯卡·王尔德说："我们都生活在阴沟里，但仍有人仰望星空。"人生而自由，却无往不在枷锁之中。

（1）自由意志是深思熟虑后，余留下来的欲求或厌恶

托马斯·霍布斯（1588—1679年）认为，任何人在任何时候，都有可能在思想中萌生某种念头，这种念头可大可小。当这种念头还处于萌芽阶段时，它的发展就必然会受到某种作用的影响。如果它趋向什么，那就可以称之为欲求；如果它躲避什么，那就可以称之为厌恶。爱和欲望是一回事，憎和厌恶也是一回事。倘若某样东西是欲望的对象，那它就是"好的"；倘若它是厌恶的对象，那它就是"坏"的。所谓的自由，是指在不受外界阻碍的时候，依照它本来的趋向而运动的状态。没有石头的阻碍，水流的趋向就是从高处往低处流。自由的意志，也就是人的欲望和厌恶不受任何外部力量作用的必然状态。

（2）放弃迷乱心智的外物，借由理性通往自由

哲学的目的是求得至善和幸福，那么人最高的幸福是什么呢？斯宾诺莎说："世界上因为富有资财而遭受祸害以致丧生的例子很多，世界上忍受最难堪的痛苦以图追逐浮名而保全声誉的例子也不少，至于因过分放纵肉欲而加速死亡的人更是不可胜数。"在他看来，外在的名利财富都不是人的最高幸福，反而还会给人带来痛苦。要放弃迷乱心智的荣誉、财富和肉欲，去寻求"真正的善"，即认识自然，提高科学和文化水平，获得"人的心灵与整个自然相一致的认识"。

如何来实现这一点呢？斯宾诺莎认为：其一，要寻求一种医治理智和纯化理智的方法，使理智可以正确圆满地认识事物；其二，要建立适当的社会秩序，使多数人易于达成这个目的。从一定程度来说国家是契约的产物，借助国家的存在来促使每

个公民克服自己的情感欲望,避免不合理的欲求,使人受理性的控制,以理性为指导去获得自由,才能获得幸福。

(3) 自由意味着选择,选择意味着责任

萨特说:"事实上我们是存在于一个只有人没有上帝的世界上。陀思妥耶夫斯基说:'假如上帝不存在,一切事物都有可能。'这就是存在主义的出发点。"萨特是一个无神论的存在主义者。他否认上帝对人类的干预,也否认各种形式的决定论。

第一,自由选择。在萨特看来,人的选择即自由。他说的自由并非逍遥自在之意,而是不断行动的自由,这种行动的自由体现在选择的自由上。

人不必考虑如何获得自由,不必选择通往自由的道路,选择本身就是自由,自由就是自由选择。无论一个人选择了什么,也无论该选择的结果如何,他永远都是自由的。只要一个人活着,必然也必须选择,因此他是自由的。

无论是个人还是群体,都是在一定的环境中生存发展的,脱离了一定的环境,人的生存和发展就是空谈,因而也就谈不上自由了。但是,萨特没有用"环境"一词来表述,而是用"处境"来替代。他认为,人不该被动地等死,更不该为了逃避现实而轻生,人应当珍惜自己的生命,在有生之年不断地自我选择和谋划,赋予生命价值和意义。

第二,责任。萨特还强调,人既然是绝对自由的,那么无论发生什么情况,人都必须对自己的选择、行动和价值承担全部的责任。人从来不是孤立存在的,总会处于某种境况中,个人的选择必然会牵连到全人类。因此,人不仅要对自己负责,还应当对每一个人负责,这就是人的意义和价值。萨特将存在主义变成了一种人道主义。

二、证据法哲学

1. 真相与虚假

在证据法的领域中，追求事实、揭示真相以及反对虚假和伪证一直是我们的核心使命。这种追求的实质是确保我们的法律体系能够公正、公平、准确地反映事实真相。这要求我们必须坚持真理至上的原则，对任何违反真实性的行为予以坚决反对。

造成虚假和错误的原因主要有：[1]

第一，逻辑所要求的肯定是要以实际作为理智判断的标准，而实际事物都是具有个别性的，每一个不同的理由或者原则对于理性所作的判断当然会有层次上的影响，以至于造成不同的错误。这种错误产生的原因是人的理智能力是有限的，对于事物无法具有真知灼见，再加上外在因素的阻挠，使我们无法真实的认识。

第二，造成错误的原因可能是实体本身的复杂性及缺乏明显性。一个事物不只是一个因素，可能是由好几种因素累积而成，造成我们无法作出正确的判断。

第三，意志的缺陷直接影响了理智对于缺乏明显性事物的判断，以至于无法对模糊、暧昧不明的状况表达我们的意见或看法，造成了错误的可能。

第四，由偏见造成的错误。偏见是未经研究而遽下的判断或者意见，一般来说有下列四种：一是种族偏见，认为自己的种族比其他种族优秀；二是政治的偏见，由政治的学理或者实务的操作造成的自以为是的看法；三是学术的偏见，在学术上

---

[1] 邬昆如等主编：《哲学入门》，华东师范大学出版社2021年版，第171页。

有独特的发展，以为此学术发展可以排除其他学术的意见而唯我独尊；四是宗教的偏见，有的宗教基于自身信仰而形成一些对人、事物不真实的看法。

第五，由缺乏诚心和毅力造成的一种判断。因为诚心和毅力的不足而使人失去耐心，以至于应该坚持而没有坚持，造成错误的判断。

第六，由对权威的崇拜造成的一种判断。一般来说，对权威合理的崇拜是符合理性的原则的，而对于权威的无限崇拜就会产生迷信或妄信，以至于会造成错误的判断。

第七，虚荣心使我们容易在他人面前装成比原来的自己更完美的人，造成和自身实际上的一种差距，进而产生了错误。

当然，我们应当明确，所谓真相并不是一个绝对的概念，而是相对而言的。在某些情况下，人们对于"真实"的认知会因个体差异、主观判断及外界干扰等因素而产生分歧。因此，我们需要不断努力去探索、去发现、去揭示那些隐藏在复杂现象背后的真相。

对于那些故意或非故意地传播虚假信息的行为，我们必须坚决予以打击。这种行为不仅会误导公众，破坏社会的信任，而且还会对个人和社会造成严重的伤害。因此，我们应该始终保持警惕，避免被那些不负责任的言论所误导。

同时，我们也应该意识到，真相并不是一成不变的。随着时代的变迁和人类知识的进步，我们对真相和真理的认识和理解也会不断地更新和深化。因此，我们应该以开放的心态去接纳新的观点和看法，以促进我们对真理更深入地理解和探索。在追求真相的道路上，我们需要具备批判性思维。这意味着我们需要学会提问、学会质疑、学会分析、学会推理。只有这样，我们才能从纷繁复杂的信息中筛选出真正有价值的知识，从而更好地理解世界、服务社会。具体而言：

第一，保持好奇和开放的心态。对于未知的事物和不熟悉的领域，不要轻易下结论或忽略，而是保持开放的心态，愿意学习和探索。

第二，多方面获取信息。在获取信息时，要尽量从多个渠道、多个角度获取，并且要经过对比和验证，避免被片面或虚假的信息所误导。

第三，独立思考和分析。对于所获取的信息，要进行独立思考和分析，不要盲目跟从或轻信他人的观点。同时，也要学会辨别信息和言论的真伪和可信度。

第四，勇于质疑和求证。当我们遇到可疑或不确定的信息时，要勇于质疑并寻求证实。可以通过搜索相关资料、咨询专业人士或进行实践来求证，以确保获取信息的准确性和可靠性。

第五，尊重事实和证据。在探索真相的过程中，要尊重事实和证据，不要凭主观臆断或偏见作出判断。同时，也要对不同意见和观点持包容和理解的态度。

总之，追求真相是我们每个人的责任和使命。我们应该以客观、公正、理性的态度去面对各种信息和观点，努力去揭示那些隐藏在纷繁复杂的现象背后的真相，做出明智的决策和行动。

2. 证据法哲学研究的拓展

证据法哲学是指运用哲学思维对证据法的基本理论和实践问题进行深入分析和研究的方法。证据法哲学作为一种独特的学术领域，在我国还是一片处女地。它不仅对证据法理论进行了深入的探讨和研究，而且为证据法的实践提供了重要的指导和支持。同时，证据法哲学的研究成果还可以为证据法的改革和完善提供理论支持和参考，有助于推动证据法的不断发展和完善。

第一，研究价值。

其一，证据法哲学的研究有助于深化对证据法理论的认识和理解。证据法是一门涉及法律、哲学、心理学等多个学科的综合性学科，其理论和实践问题非常复杂。证据法哲学的研究通过对证据法的基本概念、原则、规则等进行深入分析和研究，为证据法理论的研究提供了重要的学术成果和理论支撑。

其二，证据法哲学的研究为证据法的实践提供了重要的指导和支持。证据法在实践中具有重要的作用并被广泛应用，涉及各种复杂的法律和事实问题。证据法哲学的研究通过对实践中的问题进行深入研究和探讨，为证据法的实践提供了指导和支持，有助于保障司法公正和司法权威。

其三，证据法哲学的研究还有助于促进证据法的改革和完善。随着社会的发展和变化，证据法也需要不断进行改革和完善。证据法哲学的研究成果可以为证据法的改革和完善提供理论支持和参考，有助于推动证据法的不断发展和完善。

其四，证据法哲学的研究可以提高司法裁判的质量和效率。运用证据法哲学的研究成果，可以帮助法官在司法裁判中更好地理解和适用证据法规则，提高司法裁判的质量和效率。同时，这也可以为法学教育提供重要的教学资源和参考教材，为培养优秀的法律人才做出贡献。

第二，研究领域。证据法哲学涉及多个学科领域，包括但不限于以下几个领域。

其一，法学。证据法是法学领域的一个重要分支，证据法哲学的研究属于法学研究的一部分，涉及法律制度、法律原则、法律逻辑等方面。

其二，哲学。证据法哲学涉及哲学的认识论、形而上学、伦理学等多个方面，需要对哲学的基本问题进行深入探讨和研究，以更好地理解和应用证据法。

其三，心理学。证据法哲学涉及心理学领域，需要对人类认知、记忆、感知等方面的心理现象进行深入研究和探讨，以更好地理解和应用证据法。

其四，社会学。证据法哲学涉及社会学领域，需要对社会现象、社会结构、社会行为等方面进行研究和探讨，以更好地理解和应用证据法。

其五，历史学。证据法哲学涉及历史学领域，需要对法律制度的历史演变、社会历史背景等方面进行研究和探讨，以更好地理解和应用证据法。

第三，存在的问题。当前证据法哲学的研究存在以下问题。

其一，研究范围和深度不够。当前证据法哲学的研究范围和深度还不够广泛和深入，存在很多尚未涉及或尚未深入研究的方面，需要进一步拓展和深化研究。

其二，研究方法单一。当前证据法哲学的研究方法比较单一，主要以文献研究和理论分析为主，缺乏实证研究和跨学科研究，需要进一步丰富研究方法、拓展研究领域。

其三，缺乏实践应用。当前证据法哲学的研究成果在实践中的应用还不够广泛和深入，需要进一步加强与司法实践的结合，提高研究成果的实践应用价值。

其四，缺乏国际合作和比较研究。在当前证据法哲学的研究中，国际合作和比较研究相对较少，国际视野不够，需要进一步加强国际合作和比较研究，以促进不同国家和地区证据法的交流和借鉴。

其五，存在学科壁垒。在当前证据法哲学的研究中，存在学科壁垒现象，法学、哲学、心理学等不同学科之间的交流和合作还不够充分，需要进一步加强跨学科研究和合作。

第四，研究内容。证据法哲学的研究内容主要包括以下几个方面。

其一，证据法的基本概念和原则。证据法哲学研究对证据法的基本概念和原则进行了深入探讨，包括证据、证明、证言、鉴定、推定等基本概念，以及关联性、合法性、充分性等原则。

其二，证据法的价值取向和伦理问题。证据法哲学研究探讨了证据法的价值取向和伦理问题，包括证据排除规则、隐私权保护、证人作证豁免权、无罪推定等伦理问题，以及如何平衡公正与效率、保护人权与打击犯罪等价值取向。

其三，证据法的历史演变和比较研究。证据法哲学研究对证据法的历史演变进行了梳理，并对不同国家和地区的证据法进行了比较研究，以探讨不同文化背景下证据法的特点和异同。

其四，证据法的实践问题和对策建议。证据法哲学研究针对实践中存在的问题，提出了一些对策建议和改进措施，包括提高证据收集和审查的效率、加强证人作证保障、完善鉴定制度等。

其五，证据法与其他法律领域的关系。证据法哲学研究探讨了证据法与其他法律领域的关系，包括刑法、民法、行政法等，以更好地理解和适用相关法律法规。

第五，研究视野。

其一，证据法的理性主义传统。证据法的理性主义传统认为司法裁判应当建立在理性主义的基础上。这意味着证据法的研究和实践应当遵循科学理性的原则和方法，以客观事实为基础，通过逻辑推理和科学验证来确定案件事实。

其二，证据法与哲学等社会科学的融贯性。证据法的理论和实践问题可以纳入到哲学本体论、价值论和认识论的视角之下进行研究,为证据与证明问题研究提供崭新的工具。因此,证据法哲学需要与哲学、社会学、心理学等社会科学进行融贯和交叉研究,以深入探讨证据法的基本理论和实践问题。

其三,证据法的基础理论和实践。证据法治的实现需要夯实的证据法理论基础和完善的证据法规则体系,同时证据裁判的司法实践又需要反过来促进证据法理论与规则的完善。因此,证据法哲学需要从理论和实践两个方面入手,深入探讨证据法的理论基础和实践规则,为证据法的完善和发展提供理论支撑和实践经验。

其四,证据法的价值取向和社会功能。证据法作为法律体系中的一部分,其价值取向和社会功能也是需要关注的问题。证据法应当发现真相、保障人权、维护公正、促进社会和谐稳定等,同时也需要在实践中发挥解决纠纷、打击犯罪等社会功能。因此,证据法哲学需要从价值取向和社会功能的角度出发,深入探讨证据法的本质和目的,为证据法的制定和实施提供指导。

第六,研究趋势。证据法哲学研究的发展趋势主要包括以下几个方面。

其一,更加注重人权和公正。随着社会的发展和人们权利意识的提高,证据法哲学研究将更加注重人权和公正。研究将更加深入地探讨证据法的伦理问题,包括如何保护个人隐私权、如何保障证人作证的权利、如何确保无罪推定等,以促进对公正和人权的保障。

其二,更加关注科技和数字化发展。随着科技和数字化的发展,证据的形式和收集方式也在不断变化。未来,证据法哲学研究将更加关注科技和数字化发展对证据法的影响,如何适应数字化时代的需求、如何确保电子证据的真实性和可靠性、如何保护网络安全等问题将成为研究的重要方向。

其三，更加关注国际合作和比较研究。随着全球化的加速和跨国犯罪的增多，证据法哲学研究将更加注重国际合作和比较研究。研究将更加深入地探讨不同国家和地区证据法的异同，以及如何加强国际合作、如何借鉴其他国家和地区的先进经验等问题。

其四，更加注重实践应用和研究方法的创新。证据法哲学研究将更加深入地探讨实践中存在的问题和对策建议，以推动证据法的改革和完善。同时，研究将不断创新研究方法和技术手段，以适应新时代的需求和发展。

3. 后现代证据理念

后现代主义，这一在第二次世界大战后崭露头角的理念，体现了人们对现代主义、激进主义和自由主义乌托邦的深度反思。其最早出现在美术学，随后扩展至建筑学、文学和哲学，最近几年已迈入法学领域，并展现出对现代证据理论的不满与逆动。本质上，后现代主义是一种精神、一套价值模式，其重新发现了赋予人类存在意义的合理精神基础，从而形成了一种全新的研究范式。

在证据科学领域，后现代主义的影响最为深远，它从批判实证主义法学所倡导的"宏大叙事"入手，批判了理性主义所宣扬的证明事实规律性的理论。

一方面，我们要理解理性主义指导下的证据理论。

这种理论期待利用科学理性来解释证明过程，从而获得对真相的清晰理解。换言之，他们希望找到隐藏在事实探知过程中的无形之手——规律的存在。在理性主义的传统下，现代证据理念的内容主要有以下几点。[1]

---

[1] 栗峥：《超越事实——多重视角的后现代证据哲学》，法律出版社2007年版，第11页。

第一，对"真"与"假"有着鲜明的区分，始终保持对获得绝对真相的信仰。他们信奉法律知识的可靠性与绝对合理性，并以此作为构建理性的基础。

第二，以简单的线性关系来解释事实发生与发展的时间轨迹，以此作为回溯过去事实、探寻真相的基本维度。

第三，以逻辑与经验作为证明的主要工具，深信其能够胜任这一任务。

第四，以整体而统一的视角来看待证明思维，倾向于在证据与规则之间寻找平衡。

另一方面，比较而言，后现代证据理论具有以下特征。[1]

第一，质疑实证主义。后现代主义重新审视和重组事实发生和发展的结构，消除了权威对叙事逻辑和组合规律的限制，使得每个人都可以以自我创新的方式表述自己对某一事件的理解，甚至赋予该事件新的生命。在后现代主义的视角下，所有有序的时间观念都消散了，时间秩序仅是临时和零散的片段。

第二，对理性主义进行了批判。证据科学原本是理性主义最好的滋生地，它对时间顺序和因果关系的强调，使得所有的证据材料被紧密地串联在一起，证明的过程也就演变为人类逻辑思维的走秀。而后现代证据理念揭示了理性主义的排他性实质，强调理性在为人类带来进步的同时，也使人们产生了理性崇拜。理性这把"万能钥匙"并不能解释证明过程中遇到的所有问题，无序、解构、重构恰恰成为证明中的基本特质。

第三，质疑科学在法庭中的话语权威，揭示了法庭故事的浮夸和幻象。该理论强调事实认识不能像科学结论那样验证，只能进行多元化的理解。它区分了证据学与科学研究对象间的

---

[1] 栗峥：《超越事实——多重视角的后现代证据哲学》，法律出版社2007年版，第13—15页。

差异，关注法官个体经验、知识积累和文化社会背景对事实认定的影响。法官需要对证据材料进行筛选、解释和重新编排，以建构过去的故事。虽然法官希望证据是连贯的，但有时为了提高说服力，他不得不将故事分割。将故事讲得合乎情理、具有说服力才是第一要务，这就需要法官打破时间和话语规律的束缚，进行情节编排，添入他的理解与想象。后现代证据理论使法庭中的叙事游走于文学与法学之间。

第四，从对事实本原的探讨转化为对事实与认知者互动关系的关注。后现代主义通过文本与自我之间关系的解释从而完全脱离了传统哲学的主、客观思路，认为文本的受动者在阅读文本之前头脑中并非一张白纸，而文本所展现的也并不是一种白色的神话。相反，每个受动者对于物质世界期望的反映、对文本的解释也是其自我定位的过程，客体与主体之间并不存在清晰的界限。法官的工作对象并不是一堆文学作品，而是那些随着时间而消逝的事实，法官的工作就是在记忆的断壁残垣中找寻往昔模糊的印记。无论这种记忆来自何人，以怎样的形式出现，一旦进入到案件中具有了"证据"资格，法官就不得不对其保持高度重视，因为它们是法官通向过去之门的钥匙。

总之，后现代主义者敏感地意识到从启蒙运动开始关于科学和社会进步的理性主义的假想不过是现代主义者所描绘的一个玫瑰色的梦境。他们将这种不安和焦虑以一种激进、极端的口气道出，为人们提供一种新的思考视角。这种视角强调对事实的多元解释和认知者的主观能动性，挑战了传统的实证主义和理性主义观念。通过对法庭证据分析的深入研究，后现代主义者试图揭示现代社会中证据和真相之间的复杂关系，以及权力、话语和意识形态在其中的作用。他们的理论不仅挑战了传统证据观念，指出其局限性，还提醒我们在面对复杂的社会问题时需要保持更加谨慎和开放的心态。

三、文化对证据法的影响

1. 中国传统文化对证据法的影响

中国传统文化,又称为中华传统文化,是指在中华大地上产生并传承至今的独特文化。这种文化包含了各种思想、观念、道德、艺术和宗教等,其特点是:

第一,重视人伦和谐。在中国传统文化中,人伦关系被视为最重要的社会关系,其强调人与人之间的和谐与互助,天人合一。

第二,强调道德规范。中国传统文化高度重视道德规范,认为道德是人与人之间相互尊重、信任的基础,"德主刑辅"。

第三,尊重权威。中国传统文化尊重权威,重集体、轻个人。

中国传统文化的价值观深深影响了中国的证据法制度,既包括对证据种类和价值的判断的影响,也包括对证据收集、审查和判断过程的方法和标准的影响。尽管现代化的进程已经使中国的证据法制度在很多方面发生了变化,但中国传统文化的影子仍然在其底层逻辑和基本原则中存在。中国传统文化对证据法的影响主要有:

第一,重视口供。在中国传统文化中,口供被视为最直接、最有力的证据,这种观念在证据法中也得到了体现。因此,口供在中国的司法实践中具有非常重要的地位。

第二,偏重人证。中国传统文化强调人伦和谐与道德规范,这导致在证据法的实践中,人证往往比物证更受重视。这种倾向在中国的刑事诉讼中尤为明显,因为刑事诉讼更注重对犯罪行为的认定和惩罚,而这种认定往往更多地依赖于人证。

第三,对官方文件的依赖。在中国传统文化中,尊重权威的观念深深影响了中国的法律制度。在证据法中,这种影响表现为对官方文件的信任程度较高,常常将官方文件视为最具权威性的证据。

2. 西方文化对证据法的影响

西方文化源远流长,从古希腊的民主思想到现代的法治理念,均奉行理性主义,形成了独特的法律传统。证据法作为法律体系中的重要组成部分,对于确保司法公正和维护社会秩序具有关键作用。

西方文化对证据法的影响主要有:

第一,对证据法观念的影响。西方文化强调理性、科学和逻辑,不轻信口供,这种观念深深烙印了证据法体系中。

第二,对证据种类和审查标准的影响。在英美法系国家,证据分为传闻证据和非传闻证据,传闻证据需要经过严格的审查和筛选才能被采纳。此外,英美法系国家对于证明标准的要求也较高,一般需要达到"排除合理怀疑"的程度。这些规定反映了西方文化对证据真实性和准确性的高度关注。

第三,对证据规则的影响。因为受到陪审团制度的影响,所以英美法系国家有完善的证据规则体系,包括传闻证据规则、品格证据规则、相似事实证据规则等。这些规则强调保护被告人的权利和公正审判的原则。

第四,对证据法实践的影响。西方文化对证据法实践产生了积极和消极两方面的影响。积极方面,西方文化强调理性、科学和逻辑,这使证据法的实践更加注重客观性和真实性。在证据收集、使用和评估等方面,西方文化强调以事实为根据,以证据为基础,不轻信口供,重调查研究。这有助于确保司法公正和维护被告人的权利。

然而,消极方面也相伴而来。过于强调证据可能导致形式主义,忽视个案的特殊性。此外,西方文化对个人主义的过度强调可能导致证据收集的片面性,过于依赖科学证据而忽视证人证言等其他类型证据的价值。以辛普森杀妻案为例,此案充分展示了西方文化背景下证据法实践过程中所遇到的问题和挑战。虽然辛普森被控犯下滔天罪行,但陪审团最终裁决他无罪。这一裁决结果在一定程度上反映了西方文化对程序正义的重视,同时也暴露了过度依赖单一类型证据(如科学证据)的问题。

3. 在证据法中如何处理文化差异

第一,尊重文化差异。在证据法的制定和实施过程中,应尊重不同文化的差异,避免将某种文化价值观强加于其他文化。同时,应认识到文化差异对证据法的影响,并对此进行充分考虑。

第二,提供文化敏感性培训。法官、检察官和律师等法律专业人士需要接受文化敏感度培训,以了解不同文化背景下的证据法和诉讼程序。培训应包括对不同文化的了解、跨文化沟通技巧、如何处理文化冲突等方面。

第三,增加文化包容性。在证据法的制定和实施过程中,应增加文化包容性,允许各方当事人表达自己的文化背景和信仰,并对此进行充分考虑。同时,应尊重各方当事人的语言和交流方式,提供翻译或其他必要的协助。

第四,制定灵活的证据规则。证据规则是证据法的核心内容之一,应制定灵活的证据规则,以适应不同文化背景下的证据收集和审查。

第五,加强跨文化交流与合作。加强跨文化交流与合作是处理文化差异的关键。可以通过国际司法合作、文化交流活动等方式,促进不同文化背景下的法律专业人士进行交流与合作,增进相互理解和信任。

第六，关注弱势群体的权益。在证据法的制定和实施过程中，应关注弱势群体的权益，特别是对于那些处于社会弱势地位的文化群体，应提供更多的法律保护和援助。

参考书目

1. 欧俊编著：《经济学一本全》，江西美术出版社 2018 年版。
2. ［美］理查德·A. 波斯纳：《证据法的经济分析》，徐昕、徐昀译，中国法制出版社 2001 年版。
3. 屈新：《证据制度的经济学分析》，中国政法大学出版社 2015 年版。
4. 李霞：《波斯纳：法律的经济分析》，黑龙江大学出版社 2009 年版。
5. 宏桑编著：《心理学原来这么有趣》（漫画版），人民邮电出版社 2023 年版。
6. 有书编著：《一读就上瘾的心理学》，天地出版社 2023 年版。
7. 徐伟、鲁千晓：《诉讼心理学》，人民法院出版社 2002 年版。
8. ［英］伊恩·莱斯利：《说谎心理学：那些关于人类谎言的有趣思考》，张蔚译，中国人民大学出版社 2022 年版。
9. 宿文渊编著：《社会学原来这么有趣有用：你不可不有的社会学思维》，中国华侨出版社 2018 年版。
10. 任儒鹏：《管理：越简单越好》（升级版），企业管理出版社 2014 年版。
11. 邢以群：《管理学》（第五版），浙江大学出版社 2019 年版。
12. 王燕妮主编：《信息论基础与应用》（第 2 版），北京邮电大学出版社 2021 年版。
13. 石峰、莫忠息编著：《信息论基础》（第三版），武汉大学出版社 2014 年版。
14. ［美］科弗、托马斯：《信息论基础》（第 2 版），阮吉寿、张华译，机械工业出版社 2008 年版。
15. 高忠智：《美国证据法新解：相关性证据及其排除规则》，法律出版社 2004 年版。
16. 栗峥：《超越事实——多重视角的后现代证据哲学》，法律出版社 2007

年版。

17. ［美］尹森·凯什、［以色列］奥娜·拉比诺维奇·艾尼：《数字正义——当纠纷解决遇见互联网科技》，赵蕾、赵精武、曹建峰译，法律出版社 2019 年版。
18. 邬昆如等主编：《哲学入门》，华东师范大学出版社 2021 年版。
19. 杨闯世、隋晶：《哲学基础入门：有趣的哲学家和哲学思维》，中国纺织出版社 2022 年版。
20. 何家弘主编：《证据法学研究》，中国人民大学出版社 2007 年版。
21. 陈瑞华：《刑事证据法》（第四版），北京大学出版社 2021 年版。
22. 张保生：《证据法的理念》，法律出版社 2021 年版。
23. 李楯编：《法律社会学》，中国政法大学出版社 1999 年版。